Anja Gensert

AQUARELL MALEREI

Der Watercolor-Grundkurs

CV

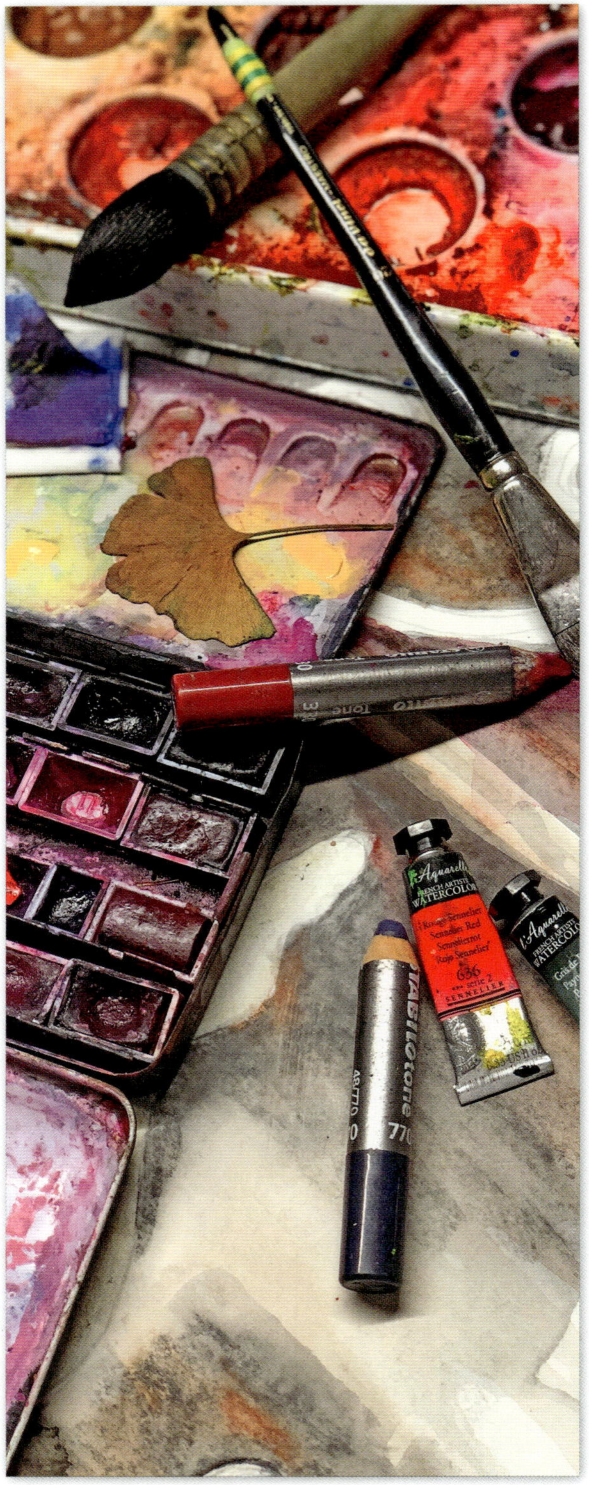

Inhalt

Vorwort ... 3

Grundlagen ... 4

Aquarellpapier ... 4
Pinsel ... 6
Aquarellfarben ... 8
Farbkreis ... 10
Maltechniken ... 11
Planen und Entwerfen ... 12
Meine Farbpalette ... 14

Motive Step by Step ... 16

Feldlandschaft ... 18
Dünengras ... 22
Welle ... 26
Sonnenuntergang ... 28
Rheinaue ... 30
Wald im Sonnenlicht ... 34
Tannen im Nebel ... 38
Wiesenblüten ... 42
Kirschblüten ... 46
Weiße Lilien ... 48
Blumenstrauß ... 50
Aquarellfarbe ... 54
Aber bitte mit Sahne ... 56
Champagner eisgekühlt ... 60
Mit der Mode gehen ... 62
Laufstegtreff ... 66
Spiegelung ... 70
Katze Soni ... 74
Tauben-Meeting ... 78
Türme, die leuchten ... 82
Säulen & Skulptur ... 86
Malen auf Reisen ... 88
Mein Venedig ... 92

Vorwort

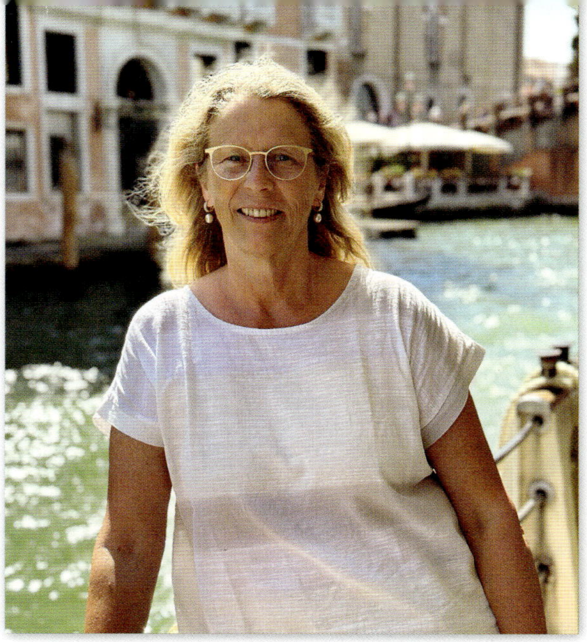

Das Malen ist für mich wie ein Abtauchen in eine Welt, wie sie mir gefällt.

Meine Liebe für diese Malweise des Aquarells hat ihren eigenen Lebenslauf. In den Anfängen war sie zaghaft und sehr fein. In der Entwicklung, durch das Probieren verschiedener Techniken, ist die Leidenschaft dafür entstanden.

Es gibt so viele Ausdrucksmöglichkeiten, dass jeder seinen Stil finden kann, der dann einmalig ist, da man ihn nicht kopieren kann. Das liegt am Papier, das immer der besondere Partner des Malenden ist. Das Papier reagiert auf den Malenden, und so entsteht ein Zusammenspiel wie bei einem Paar.

Wenn mich die Inspiration zu einem Motiv packt, stelle ich mir vor, wie ich es auf einem neuen, weißen Blatt umsetzen würde. Das Ergebnis ist schon in meinem Kopf. Danach suche ich mir den passenden Aquarellkarton aus und setze es dann um. Es ist immer wieder eine Überraschung, was am Ende daraus entsteht – wie ein Geschenk, das man auspackt.

Das zufällige Zusammenwirken von Wasser, Farbe und Papier bestimmt die Entwicklung des Motivs. So muss man den Zufall lieben lernen und daraus sein persönliches Werk erstellen.

Mit der Zeit kann man den Zufall auch etwas steuern oder bewusst herbeiführen. Das macht es so einzigartig, in die Watercolor-Welt einzutauchen. Es gibt so viele Möglichkeiten, Farben, Stifte, Techniken. Der Markt hat für jeden das passende Equipment.

Mit meiner Erfahrung aus über 20 Jahren Lehrtätigkeit möchte ich dir zeigen, wie du deine Wunschmotive erfolgreich mit Aquarellfarben malen kannst.

Ich wünsche mir, dass du durch die verschiedenen Anregungen und Motivangebote deinen eigenen Pinselstrich und deine persönliche Ausdrucksweise findest. Dafür brauchst du Mut und Experimentierfreude.

Viel Freude dabei wünscht Dir

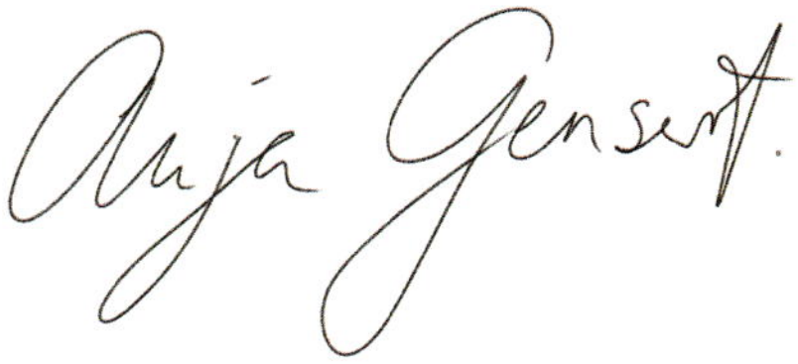

www.instagram.com/galeriegensert/
www.facebook.com/ateliergensert
www.youtube.com/@AnjaGensert
www.galerie-gensert.de

Grundlagen

Zum Start gebe ich gerne ein paar Materialtipps, damit es gleich mehr Freue macht und du dir mitunter jahrelange Irrwege ersparst. Das Angebot an Materialien ist heute so vielfältig, dass man häufig gar nicht weiß, was für einen geeignet ist. Dabei ist für ein gutes Bild gar nicht viel wichtig, nur das richtige Malwerkzeug! Als ich mit Watercolor begonnen habe, gab es nicht so eine große Auswahl.

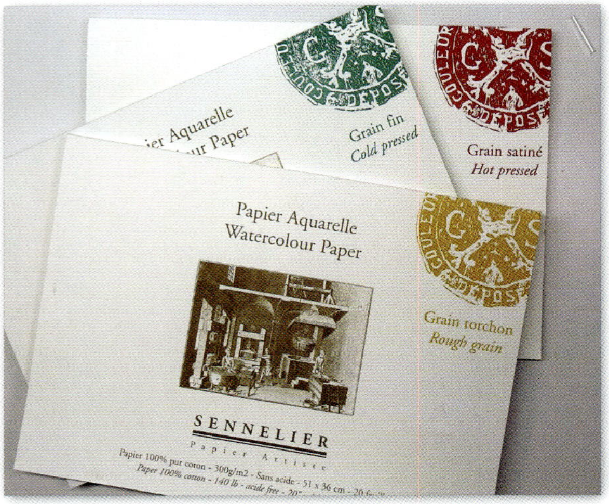

Die Deckblätter der Aquarellblöcke unterscheiden sich meist farblich, je nach Körnung des Papiers. Hier als Beispiel Blöcke von Sennelier: türkis = feines Papier, rot = satiniertes Papier, gelb = raues Papier.

Aquarellpapier

Das Aquarellpapier ist beim Malen immer einer deiner wichtigsten Partner. Machst du den gleichen Arbeitsgang auf verschiedenen Papieren, wirst du auch sehr unterschiedliche Ergebnisse erzielen.

Die Grammatur spielt dabei eine große Rolle, damit sich das Papier beim Malen nicht wellt. Ich verwende und empfehle Papier mit einem Gewicht von mindestens 300 g/m^2. Außerdem haben die meisten Hersteller drei Arten von Oberflächenstrukturen im Angebot: Satiniertes Papier (grain satiné) hat eine glatte Oberfläche, feines Papier (grain fin) hat eine feine und grobes, raues Papier (grain torchon) hat eine große Körnung.

Ich empfehle, eingeführte Papiermarken zu wählen. Im Internet findet man dazu viele Informationen und Bewertungen, die hilfreich bei der Auswahl sein können. Einige Hersteller bieten auch Musterblöcke mit einer Auswahl an verschiedenen Papiersorten an.

Für den Anfang würde ich immer eine feine Struktur wählen. Diese lässt sich universell für viele Motive und Techniken einsetzen. Satiniertes Papier eignet sich für expressives Malen; hierauf lässt sich nicht gut korrigieren. Für grobes Papier braucht man etwas Übung; es wird u. a. für extreme Farbverläufe genutzt und weltweit von vielen Aquarellmeistern verwendet.

Ich entscheide nach Motiv, was für ein Papier ich verwende. Möchte ich ein Bild mit grafischem Ausdruck malen, nehme ich satiniertes Papier. Möchte ich aber ein Porträt realistisch malen, verwende ich gerne ein raues Torchon-Papier. Und für Kurse und Unterricht ist bei mir fein gekörntes Aquarellpapier in der Maltasche.

Damit du die Ergebnisse in diesem Buch nachvollziehen kannst, ist bei jedem Motiv das verwendete Papier angegeben.

Eine Auswahl verschiedener Papiere

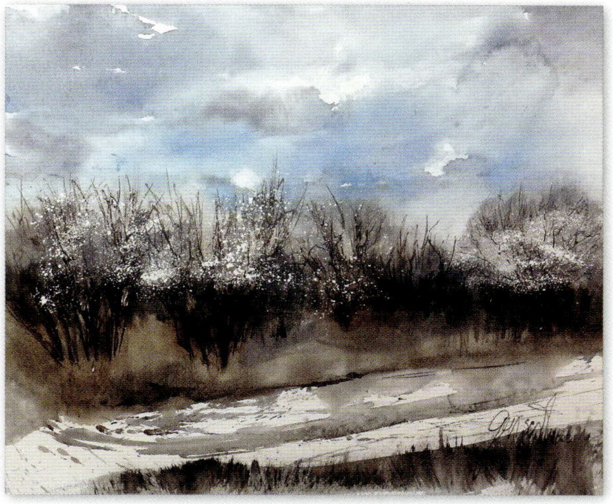

Grobes Papier, auch rau oder torchon genannt, hat eine grob strukturierte Oberfläche. Es wird gerne für granulierte und fließende Farbaufträge genutzt und eignet sich z. B. für granulierte Wolken und fließende Himmelsübergänge.

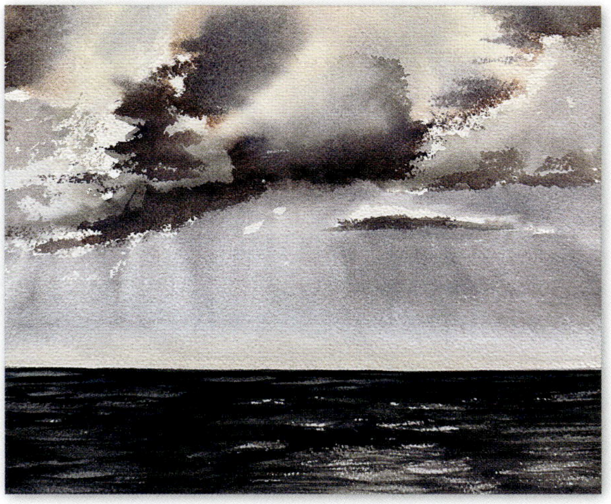

Feines oder auch mattes Papier liegt von der Textur her zwischen rau und satiniert. Es eignet sich zum leichten Granulieren, da die Körnung feiner ist. Damit ist es universell einsetzbar.

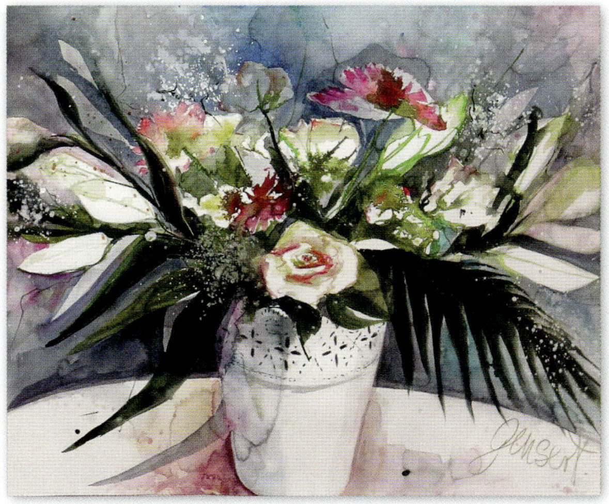

Satiniertes Papier ist sehr glatt. Daher eignet es sich nicht zum Granulieren. Farbaufträge fließen sehr flächig und können bei zu viel Wasser zu Farbrändern neigen, die manchmal nicht korrigierbar sind.

Pinsel

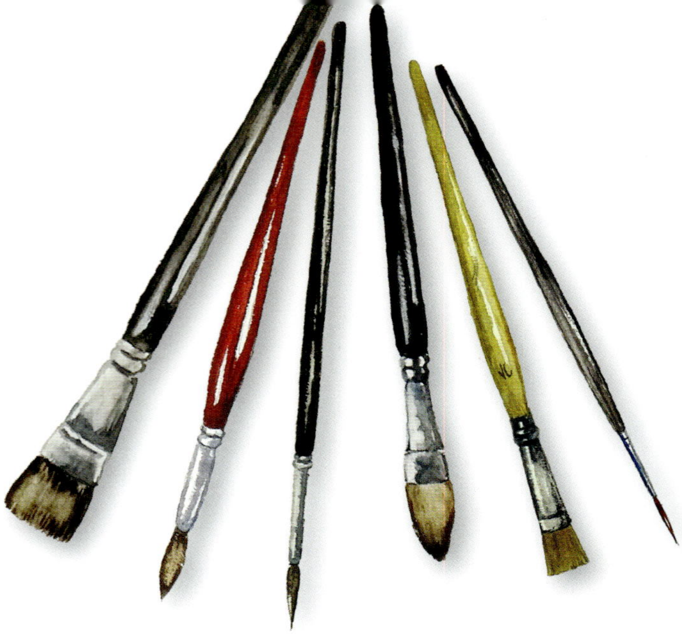

Von links nach rechts: Flachpinsel, Rundpinsel, Linierer, Verwaschpinsel, Acryl-Flachpinsel (Kunsthaar) für Korrekturen und ein Schlepper.

Wie beim Papier sollte auch bei den Pinseln die Wahl sehr individuell getroffen werden. Auch hier bietet der Markt eine so große Auswahl, dass es schwierig ist, den perfekten Pinsel zu finden.

Aquarellpinsel gibt es mit Echthaar oder Mischhaar oder auch vegan mit Kunsthaar. Ein geübter Watercolor-Maler kann mit allem malen, weil er die Bedingungen von Farbe und Papier kennt. Anfänger sollten sich aber auf wenige, dafür aber sinnvoll ausgewählte Pinsel beschränken.

Echthaarpinsel sind meist Kolinsky-Rotmarderpinsel. Diese sind Allrounder und in zwei Größen ein guter Start für Anfänger. Für größere Flächen ist ein Flachpinsel sinnvoll. Die Naturhaare speichern viel Farbe und geben diese weich an das Papier ab. Sie nehmen besser als Kunsthaarpinsel ihre ursprüngliche Form wieder an. Diese können leicht ihre Form verlieren und dann ihre Aufgabe nicht mehr erfüllen. Echthaarpinsel kommen meist durch Anfeuchten wieder in ihre Ursprungsform zurück.

Acrylkunsthaarpinsel eignen sich dagegen für Korrekturen besser, da diese nicht so biegsam sind und die Pigmente sich dadurch besser lösen lassen.

Aus Mischhaaren bestehen z. B. häufig Linierer oder Schlepperpinsel. Sie können sehr dünn sein und sind daher besonders für feine Striche oder Linien geeignet, was bei einigen Motiven von Vorteil ist. Auch benutze ich diese gerne für zeichnerische Effekte und zum Vorzeichnen.

Im Allgemeinen muss jeder für sich selbst herausfinden, was das richtige Handwerkszeug ist. Dem einen ist Kunsthaar lieber, dem anderen Naturhaar. Ich überlasse dafür meinen Schülern gerne mal einen Pinsel, um diesen zu testen. Danach können sie selbst entscheiden, mit welchen Pinseln das Malen besser von der Hand geht.

Für urbanes Zeichnen im Skizzenbuch bieten sich Reisepinsel oder Wassertankpinsel an. Unterwegs wird außerdem oft mit Aquarellstiften und -markern gearbeitet, die heute von vielen Herstellern angeboten werden.

Ich habe natürlich nicht alle Pinsel auf dem Markt getestet und kann deshalb nur bedingt Empfehlungen geben. Ich würde mich aber, wie auch beim Papier, auf Hersteller verlassen, die schon lange Pinsel produzieren.

Bei den Motiven sind die verwendeten Pinsel angegeben.

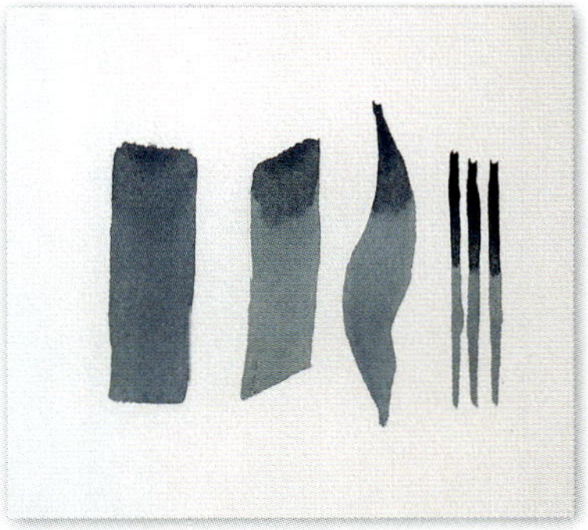

Flachpinsel Größe 20, Rotmarderhaar, z. B. Da Vinci Serie 1301

Flachpinsel. Für breite und flache Aufträge, schräge bis gedrehte Blätter und scharfkantige Linien. Die größeren Formate eignen sich hervorragend für Hintergründe und flächiges Ausarbeiten.

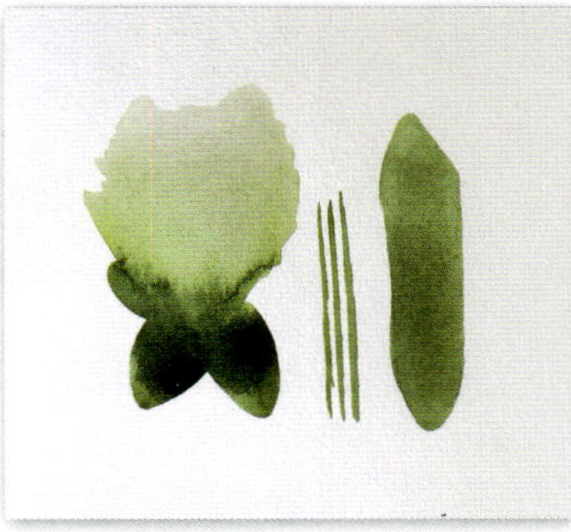

Katzenzungenpinsel Größe 6, imitiertes Marderhaar, z. B. Léonard Serie 1349CH

Verwaschpinsel. Diese Pinsel nehmen viel Wasser auf und können Formen durch Lavieren weichzeichnen, verblenden und vermischen.

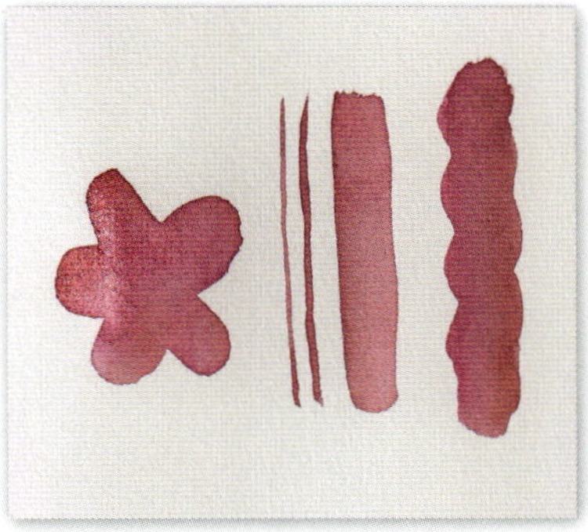

Rundpinsel Größe 6–10, Rotmarderhaar, z. B. Da Vinci Serie 1526Y

Rundpinsel. Rundpinsel sind Allrounder. Sie nehmen viel Flüssigkeit auf und können von dünnen Linien bis flächigen Formen, wie z. B. Blütenblätter, fast alles malen.

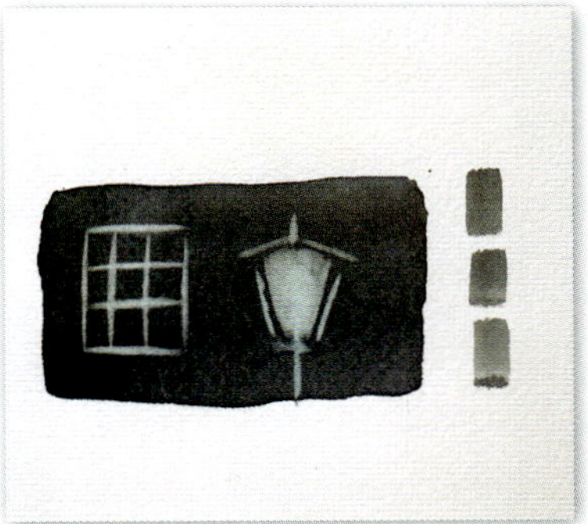

Acrylflachpinsel Größe 8/12, z. B. Raphaël Serie 8938

Flachpinsel für Korrekturen. Solch ein Kunsthaarpinsel wird im Watercolor zum Auswaschen von Aquarellfarbe verwendet. Die festeren Pinselhaare können das getrocknete Pigment besser lösen, sodass es je nach Papier wieder abgenommen werden kann.

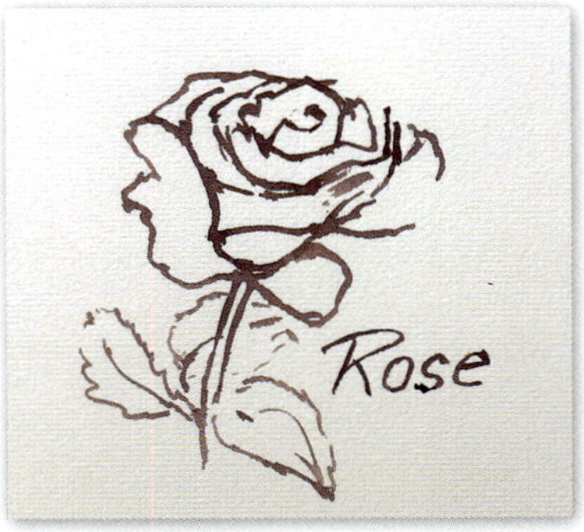

Linierer Größe 6–8, synthetischer Taklon-Besatz, z. B. Springer Serie 1088

Linierer. Mit ihrer feinen Spitze sind Linierer tolle Akzentpinsel für Skizzen, Schriften und feine Linien. Für lockere Entwürfe werden sie weit hinten am Schaft gehalten. Damit wirken die Entwürfe noch künstlerischer.

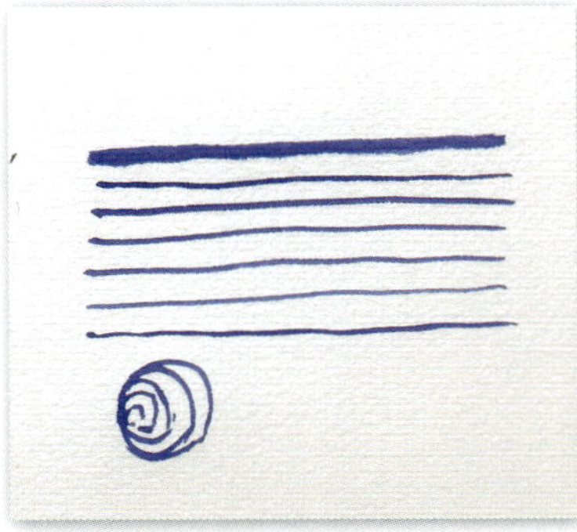

Schlepper Größe 0, veganes Haar, z. B. da Vinci Serie 1222

Schlepper. Extra lange Pinsel aus veganem Material sind für feinste Linien und Details geeignet, da Kunsthaar formstabiler ist und nicht so schnell knickt wie Echthaar.

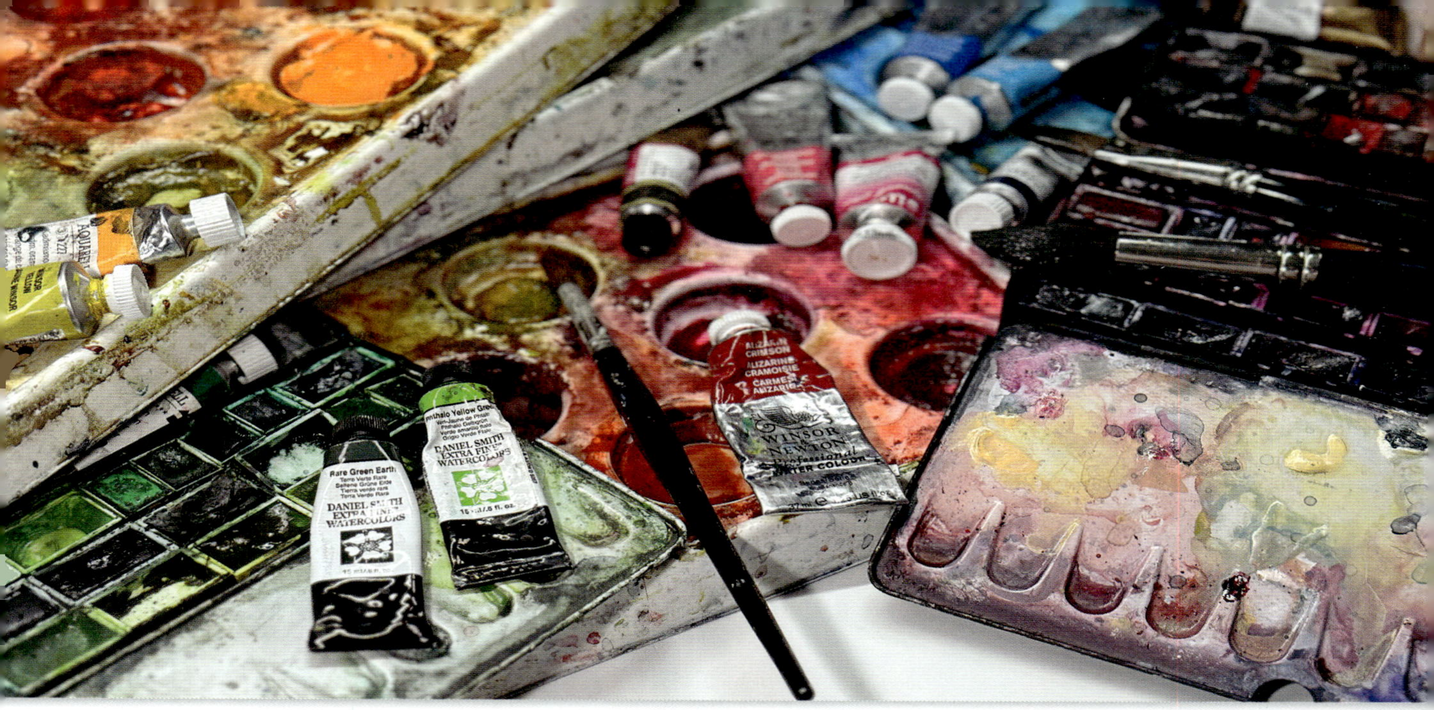

Aquarellfarben von verschiedenen Herstellern in Näpfchen, in Malpaletten und aus der Tube.

Aquarellfarben

Auch im Bereich der Farben kann man keine absoluten Empfehlungen geben, denn das Angebot ist äußerst vielfältig. Aquarellfarben sind sowohl in Näpfen als auch in Tuben erhältlich. Für beide werden die Farbpigmente mit Gummiarabikum als Bindemittel gemischt.

Gummiarabikum wird bereits seit dem Mittelalter zur Herstellung von Künstlerfarben verwendet und findet sich heute vor allem in Aquarell- und Gouachefarben.

Bei den meisten Herstellern sagt der Preis tatsächlich etwas über die Qualität der Farbe aus: Teurere Farben enthalten meist mehr Pigment. Ich habe schon so viele Farben von unterschiedlichsten Herstellern ausprobiert, von Näpfen und fertigen Kästen bis hin zu Tuben.

Alles kreuzte meinen malerischen Weg. Je nach eigener Malweise kann die Farbe eines Herstellers besser geeignet sein als die eines anderen. Hier lohnt sich Ausprobieren. Leider gibt es keine Norm für die Bezeichnungen und die genauen Farbtöne, was ich schade finde.

So kann z. B. das Kadmiumgelb eines Herstellers anders aussehen als das Kadmiumgelb eines anderen. Außerdem gibt es auch herstellerspezifische Farbtöne. Zum Glück kann man die Farben aller Hersteller mischen, sodass man sich eine eigene Palette zusammenstellen kann.

Ich empfehle, zunächst nur die Grundfarben zu erwerben und damit zu malen. Aus ihnen kann man eine Vielzahl von anderen Farbtönen mischen. Mischen ist ein wesentlicher Bestandteil des Aquarellmalens. Beherrscht man dies, kann man seine Palette beliebig erweitern. Letztendlich greift man ohnehin zu den Farben, die man besonders mag.

Nach vielem Ausprobieren weiß ich heute, worauf es mir ankommt: Ich male gern mit Tubenfarben, da ich mit ihnen frisches Pigment bekomme und eine intensive Farbigkeit erreiche. Mit Tubenfarben lernt man das Mischen und das Bestimmen von Tonwerten viel unmittelbarer. Aber auch hier muss jeder seinen eigenen Weg gehen.

Hilfsmittel

Zusätzlich zu Papier, Pinseln und Farben gibt es zahlreiche Hilfsmittel für verschiedene Zwecke, z. B. damit die Farbe länger offen, also bearbeitbar, bleibt oder transparenter wird. Auch Granulierspray und sogar Spachtelmasse für Aquarellfarben sind auf dem Markt zu finden.

Maskierflüssigkeit oder Rubbelkrepp finde ich für einige Motive hilfreich. Mit ihr kann man Flächen und Details abdecken, die sich nur schwer mit dem Pinsel aussparen lassen.

Auch mit Kerzenwachs kann man die Oberfläche partiell abdecken; an diesen Stellen nimmt das Papier keine Farbe mehr an. Diese Technik ist für Strukturen wie Steine oder raue Wand hilfreich. Ich benutze das Wachs auch gerne als Effekt für eine Malebene, um mehr Raumtiefe zu erzeugen. Wachs löst sich allerdings im Gegensatz zu Maskierfilm nicht mehr an. Ein Beispiel: Ein Bild hat mehrere Ebenen, nämlich Hintergrund, Mittelgrund und Vordergrund. Bleibt im Hintergrund das Papierweiß stehen, kann im Vordergrund durch eine Fläche mit Kerzenwachs eine dritte Ebene erzeugt werden.

Grundfarben

In der Malerei und anderen Bildenden Künsten bezeichnet man die Farben Rot, Blau und Gelb als Grundfarben. Sie werden auch Primärfarben genannt, weil sie nicht durch das Mischen anderer Farben erzeugt werden können.

Aus den drei Primärfarben kann man mit Ausnahme der unbunten Farben wie Schwarz, Grau und Weiß alle anderen Farben mischen. Damit bilden sie die Grundlage für die Farbtheorie und das Farbenmischen in der Kunst. Aus der Mischung von zwei Primärfarben entstehen die Sekundärfarben Grün, Orange und Violett.

In der Malerei umfasst die Bezeichnung der Grundfarben Rot, Blau und Gelb jeweils die gesamten Farbfamilien. Die Bezeichnung »Rot« ist demnach lediglich der Sammelbegriff für das gesamte rote Farbspektrum, das aus zahlreichen roten Farbtönen besteht. Genauso verhält es sich mit den Bezeichnungen von »Blau« und »Gelb«.

Im Umkehrschluss bedeutet das auch, dass die Mischung zweier Grundfarben je nach Farbton sehr verschieden ausfallen kann. Schließlich verfügen die entstehenden Sekundärfarben ebenso über ein Farbspektrum mit verschiedenen Farbtönen.

Merke: Einige Künstler betrachten mittleres Kadmiumrot, Kobaltblau und helles Kadmiumgelb als die Farbtöne, die den Primärfarben innerhalb des sichtbaren Spektrums des Lichts am nächsten kommen. Vieles davon ist allerdings abhängig von der jeweiligen Rezeptur des Farbherstellers.

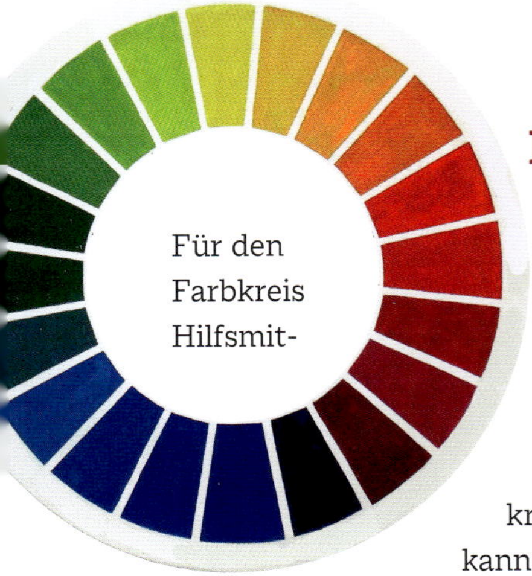

Farbkreis

Für den Einstieg ist der Farbkreis ein praktisches Hilfsmittel, um einen Überblick für die Kombinationsmöglichkeiten zu erhalten. Durch die kreisförmige Anordnung kann man schnell das Verhältnis der Farben zueinander erkennen. Der Farbkreis zeigt die Primärfarben Rot, Gelb und Blau und die sich daraus mischenden Sekundärfarben Grün, Orange und Violett. Mit den Sekundärfarben kann man etwas spielen; je nach den Anteilen, die die jeweiligen Primärfarben an der Mischung haben, entstehen weitere Töne, die sich gut in den Kreis einreihen lassen.

Faustregel für die Farbauswahl:
Für ein harmonisches Motiv wählt man meist benachbarte Farben aus. Für ein akzentuiertes Motiv eignen sich Farben, die sich im Farbkreis gegenüberliegen. Für ein lebendiges Motiv legt man ein gedachtes Dreieck auf den Farbkreis und wählt so einen Dreiklang aus. So wird ein Bild farbtechnisch harmonisch und kann mit Hell-Dunkel-Abtönungen der einzelnen Farben noch differenzierter ausgearbeitet werden.

Hat man dann etwas Übung darin, fällt die Farbauswahl immer leichter, und man wird experimentierfreudiger.

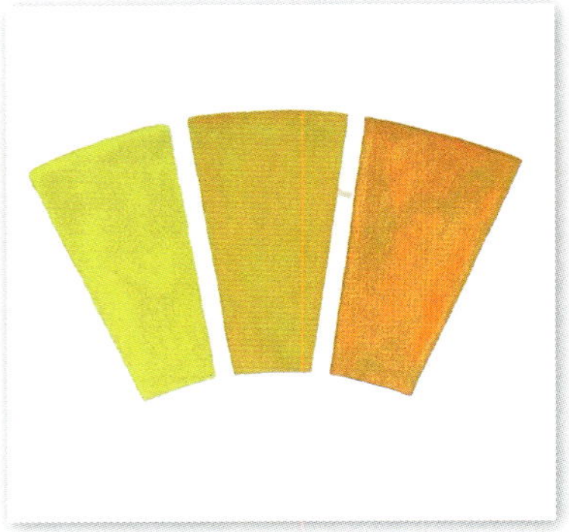

Farbfamilie, benachbarte Farbtöne

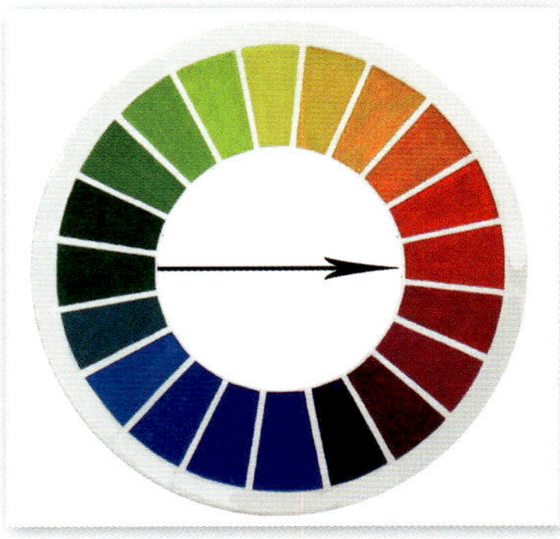

Komplementärfarben akzentuiert

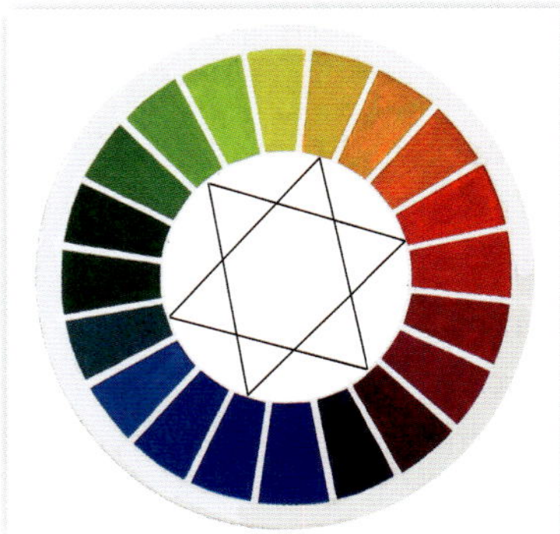

Dreiklang lebendig

Maltechniken

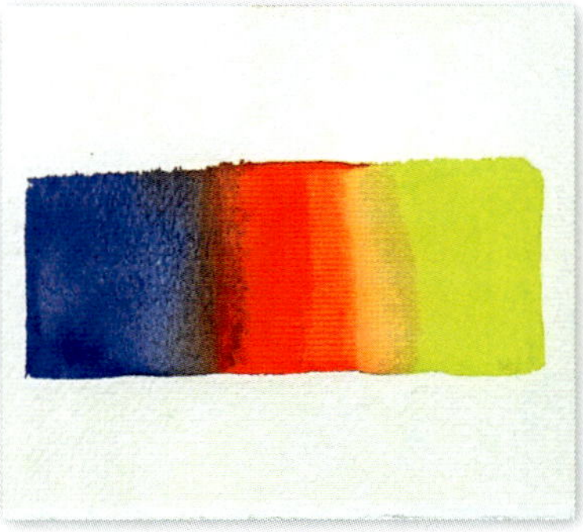

Lavur

Lavieren. Das Wort »lavieren« leitet sich von dem lateinischen Wort »waschen« ab. Eine Lavur ist ein Farbverlauf, der mit einem Farbauftrag beginnt und sofort mit dem gleichen Pinsel und Wasser verlängert wird. Dieses Verwaschen mit Pinsel und Wasser erfolgt so oft, bis der gewünschte Tonwert erreicht ist.

Man kann auch mit zwei Farben lavieren und erhält dann einen Farbverlauf von der einen zur anderen Farbe. Dafür feuchtet man eine farbige Fläche mit Wasser an und trägt anschließend die zweite Farbe auf. Durch die Feuchtigkeit verschwimmen die Pigmente ineinander. Solche Farbverläufe eignen sich z. B. für Sonnenuntergänge, sind aber nur bedingt kontrollierbar.

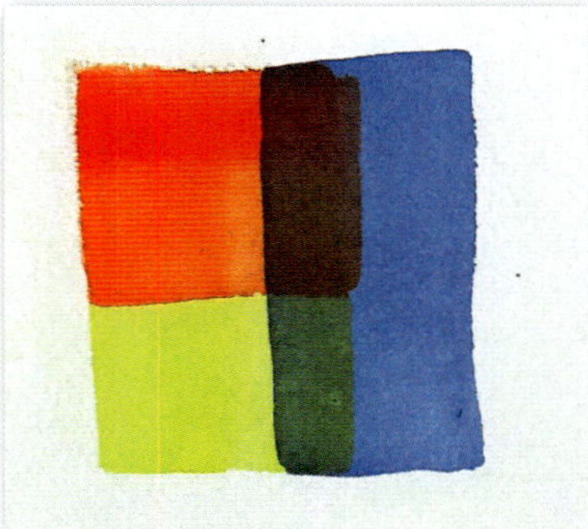

Lasur

Lasieren. Unter Lasieren versteht man das Auftragen von transparenten Farbschichten, oft zwei oder mehrere übereinander. Ist der erste Farbauftrag getrocknet, wird ein weiterer darübergelegt und so weiter. Das Licht fällt durch die transparenten Aquarellschichten und bringt Räumlichkeit und Tiefe ins Bild.

Es ist sehr wichtig, dass der jeweils untere Farbton vollständig getrocknet ist, denn sonst vermischen sich die Farben, anstatt sich übereinanderzulegen.

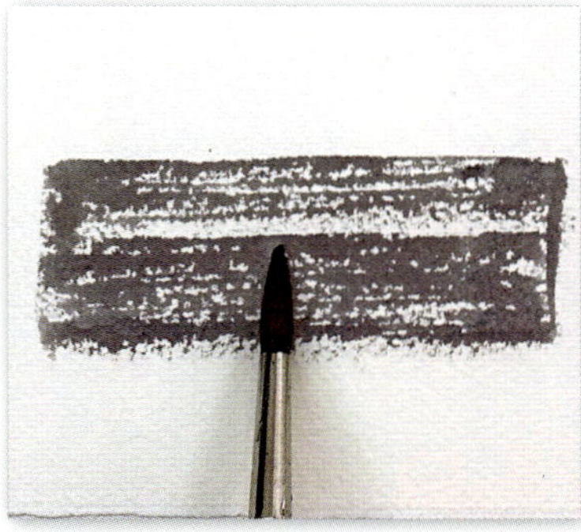

oben: Granulierung, unten: Granulierung mit darübergelegter Lasur

Granulieren. Beim Granulieren wird der Pinsel mit der aufgenommenen Farbe wieder etwas ausgedrückt. Der nur noch wenig feuchte Pinsel wird flach über die Fläche gezogen. Das Granulieren gelingt am besten auf feinen und groben Papierstrukturen und eignet sich für die Darstellung von Holzmaserungen, Steinen und Wasserspiegelungen.

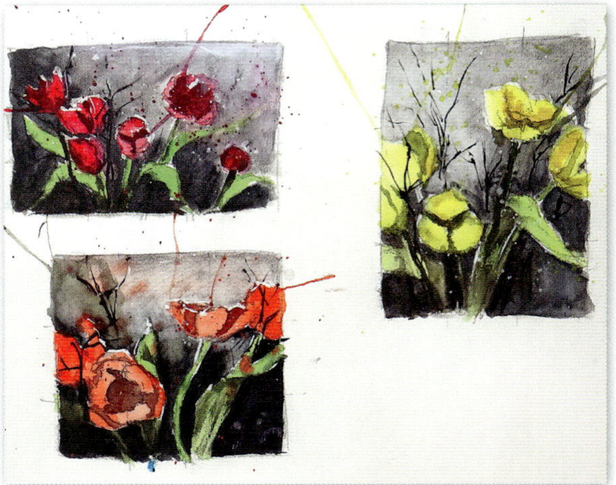

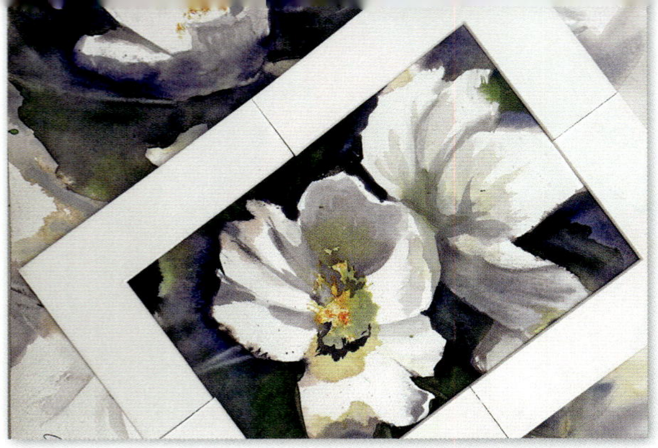

Planen und Entwerfen

Format

Welches Format für welches Motiv? Landschaftsbilder werden meist im Querformat gemalt, da diese Ruhe und Weite symbolisieren. Das Hochformat wird oft für Bildkompositionen, die Aktivität oder Spannung vermitteln sollen, gewählt. Extreme Hoch- oder Querformate betonen durch die Formatwahl die jeweiligen Aussagen und entfalten durch ihre Übertreibung eine besondere Wirkung. Quadratische Formate gelten als ausgeglichen. Sie können für alles verwendet werden. Besonders gut eignen sie sich für Detailausschnitte. Wenn ich ein Motiv malen möchte, überlege ich als Erstes, welches Format dafür geeignet ist. Hier sind kleine Skizzen, etwa in Größe einer Postkarte, hilfreich, um zu sehen, welche Proportionen oder Ausschnitte geeignet sind.

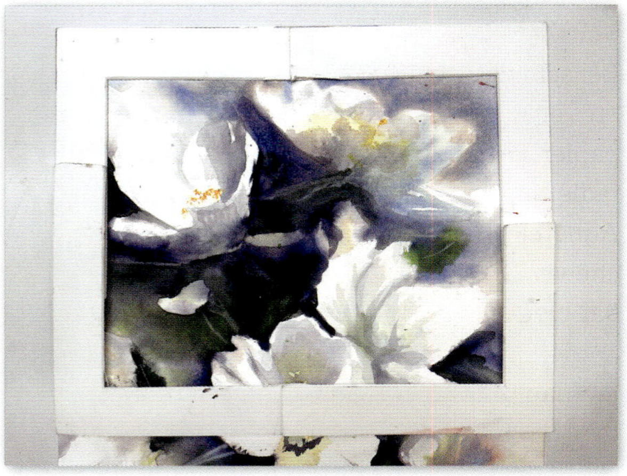

Ausschnitt

Auch die Wahl des Ausschnitts, also des darzustellenden Teils eines Motivs, ist wichtig. Als Hilfestellung kann man z. B. aus Passepartout-Karton vier Winkel zuschneiden und diese auf der Fotovorlage platzieren, um so eine Auswahl zu treffen. Auch kann man, wenn man mit einem fertigen Bild nicht ganz glücklich ist, hier einen besonders schönen Ausschnitt wählen.

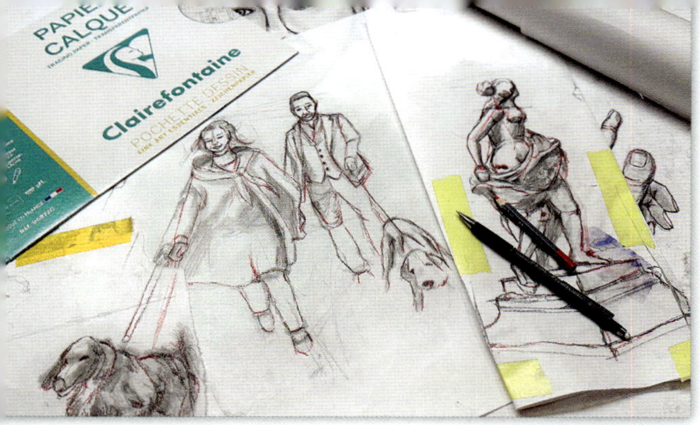

Zeichnung und Skizzieren

Um im Entwerfen sicherer zu werden, empfehle ich, viel zu zeichnen und skizzieren. Dadurch werden Formen und Perspektive im Gehirn abgespeichert und durch Wiederholungen gefestigt. In Skizzenbüchern lassen sich Übungen gut sammeln. Daraus entstehen dann viele neue Motive für größere Bilder.

Schwierige Motive

Bei schwierigen Motiven, z. B. Menschen, Tieren etc., entwerfe ich eine Skizze auf Transparentpapier. Hier kann man so lange korrigieren und radieren, bis die Proportionen stimmen. Auf Aquarellpapier würde das Radieren die Oberfläche verletzen und je nach Oberfläche auch sichtbar bleiben.

Ist man mit der Skizze zufrieden, schummert man die Rückseite des Transparentpapiers mit Grafit, legt es auf das Aquarellblatt und zieht die Linien nach. Das ist besonders praktisch, wenn man ein Motiv mehrfach ausarbeiten möchte.

Alternativ kann man Motive auch mit Transferpapier übertragen. Auch Beamer und Projektoren werden häufig für Übertragungen benutzt. Wer im freien Zeichnen Schwierigkeiten hat, kann sich durch die moderne Technik gut helfen.

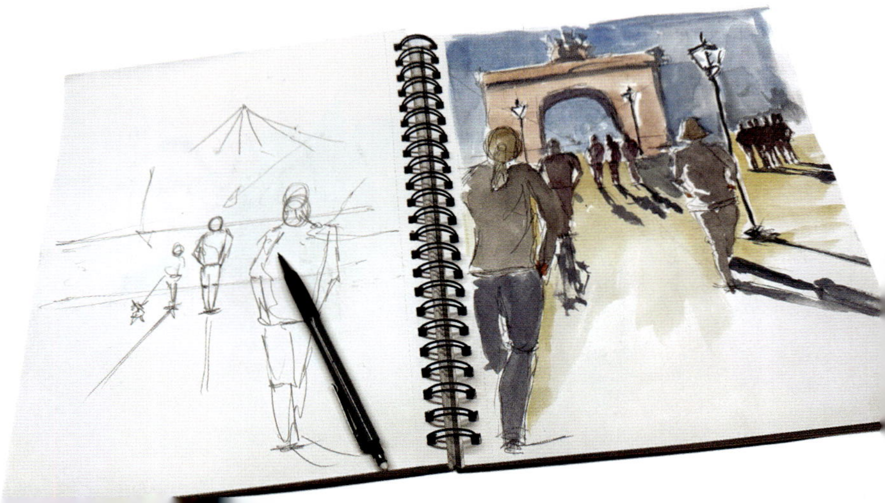

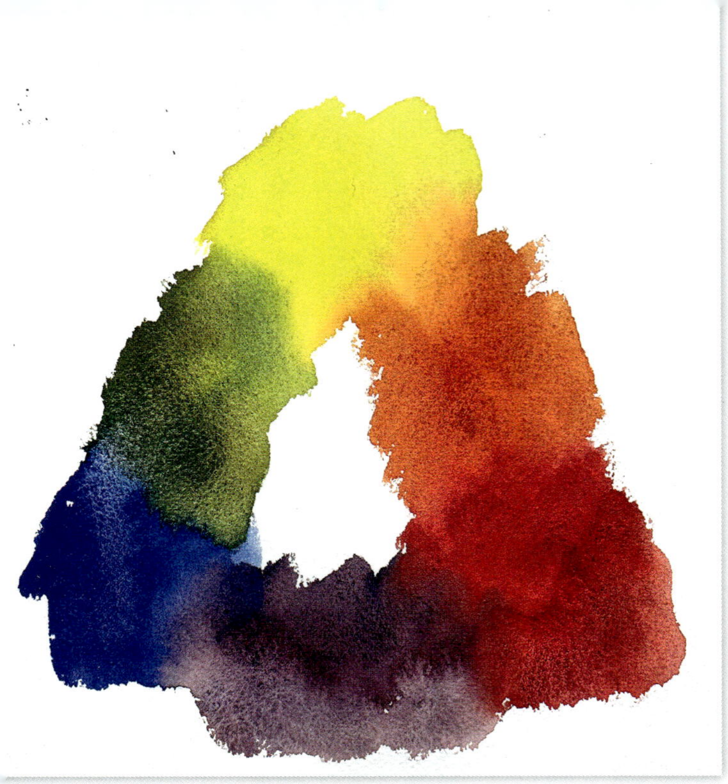

Farben mischen

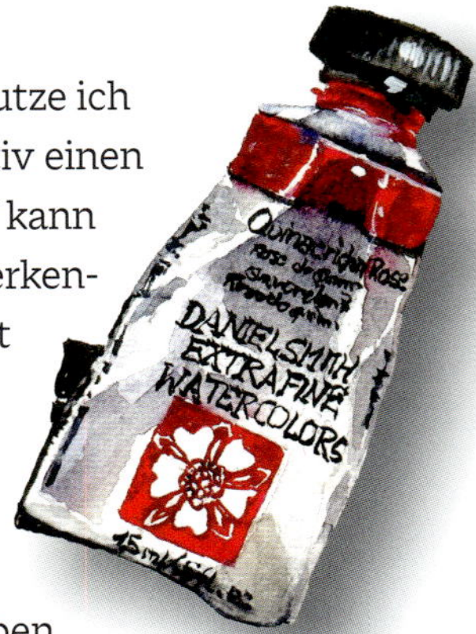

Zum Mischen der Farben benutze ich gerne Abreißpaletten, alternativ einen weißen Porzellanteller. Darauf kann man die gemischte Farbe gut erkennen und gezielter den Tonwert bestimmen.

Gerade zum Einstieg in die Aquarellmalerei ist es notwendig, das Mischen von Farben zu lernen. Probiere auf Abreißpalettenblättern verschiedene Farbmischungen aus. Durch die große Mischfläche hast du mehr Möglichkeiten als im Deckel eines Aquarellkastens. Die Farbaufstriche kannst du nach dem Trocknen aufbewahren, denn sie können sehr gut als Grundlage für weitere Motive dienen.

Wie gesagt, verwende ich am liebsten Tubenfarben, denn hier habe ich immer sauberes Pigment zum Mischen. Bei Näpfen kann es vorkommen, dass man noch Restfarbe im Pinsel hat und damit aus Versehen andere Farben verschmutzt.

Das Säubern der Näpfe ist etwas aufwendig und es geht dadurch viel wertvolles Pigment verloren.

Allerdings sind Näpfe ideale Begleiter für das Malen auf Reisen!

Meine Farbpalette

Als Primärfarben zum Mischen verwende ich Kadmiumgelb, Französisch Ultramarin und Permanent Alizarin-Karmesin. Daraus lassen sich viele Sekundärfarben mischen, die mir sehr gut gefallen. Genauso gut kannst du auch Zitronengelb oder andere Gelbtöne, verschiedene Rottöne, wie Magenta oder Kadmiumrot, und Blautöne, wie Cyan oder Coelinblau, verwenden, um deinen eigenen Farbkreis zu kreieren. Probiere aus, was dir gefällt.

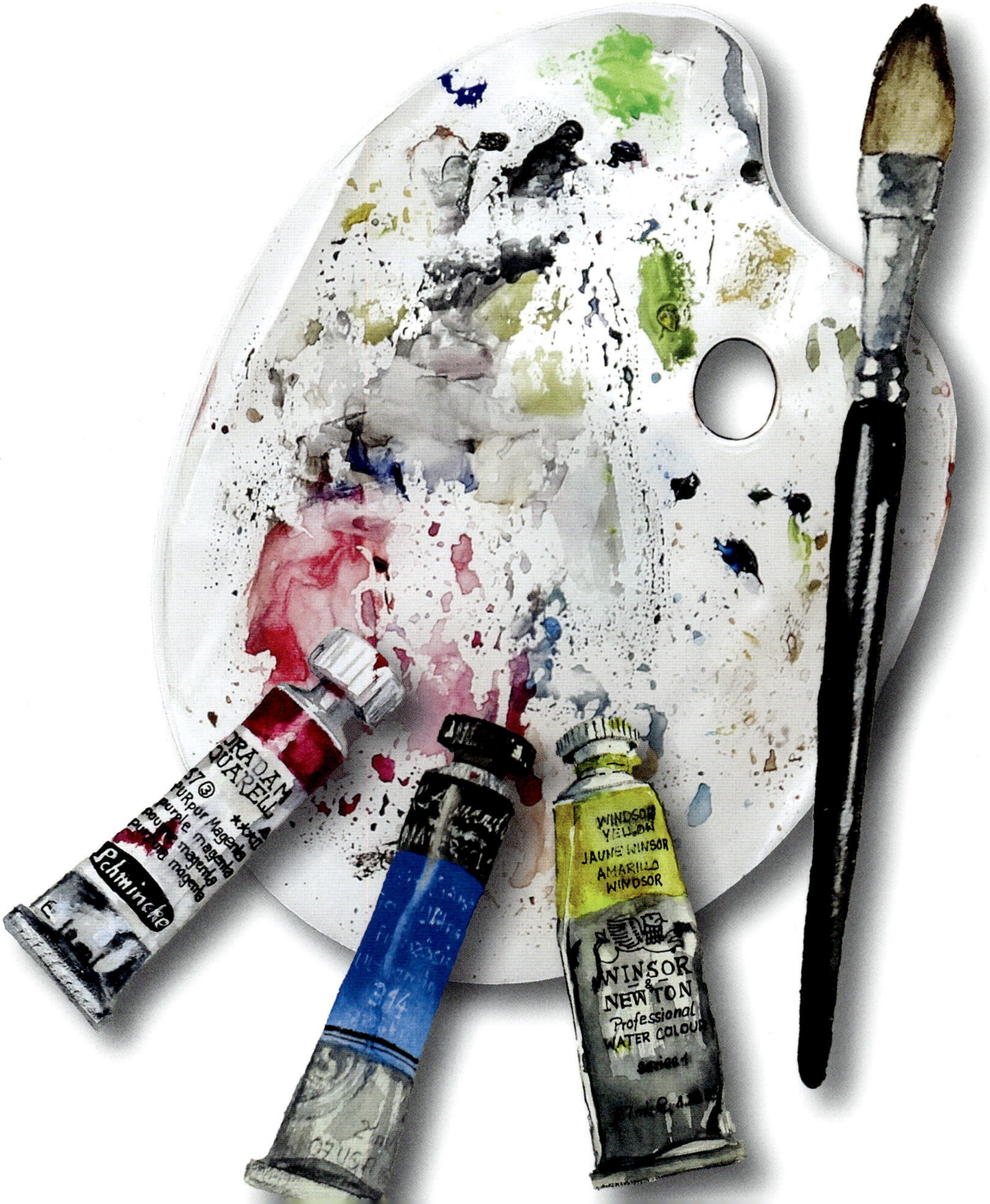
WINDSOR YELLOW
JAUNE WINSOR
AMARILLO WINDSOR
WINSOR & NEWTON
Professional
Schmincke

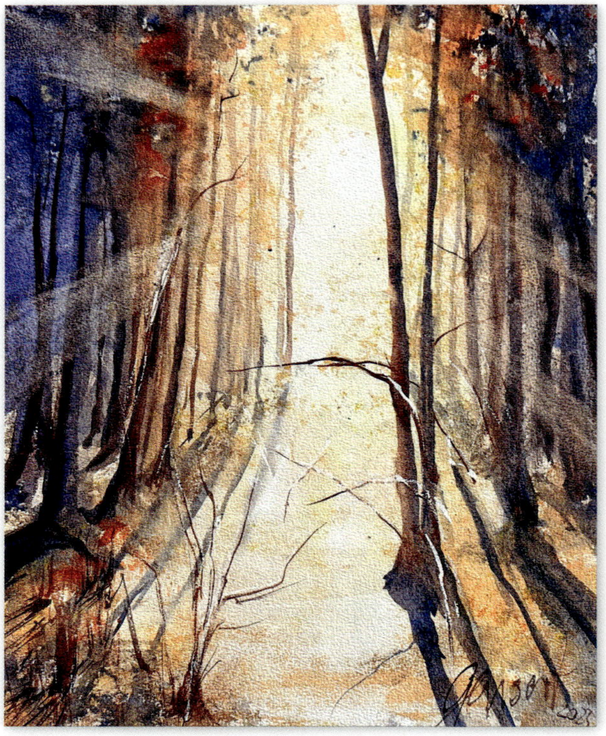

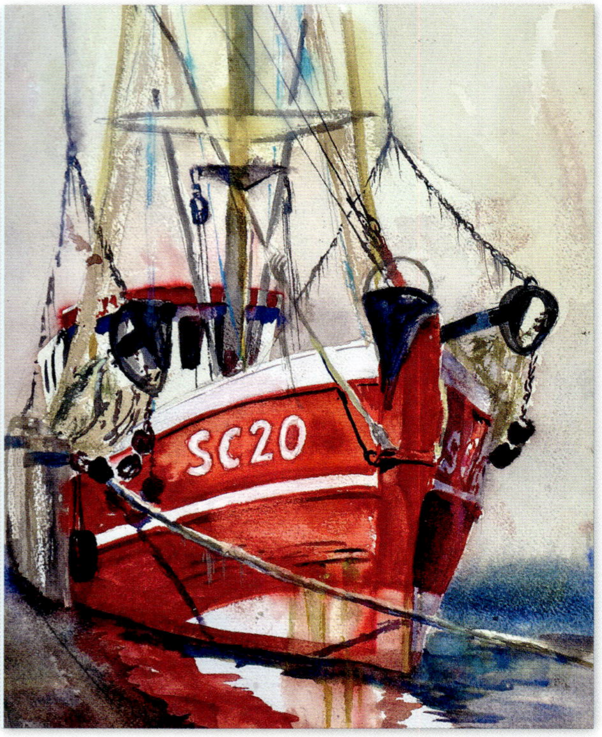
SC20

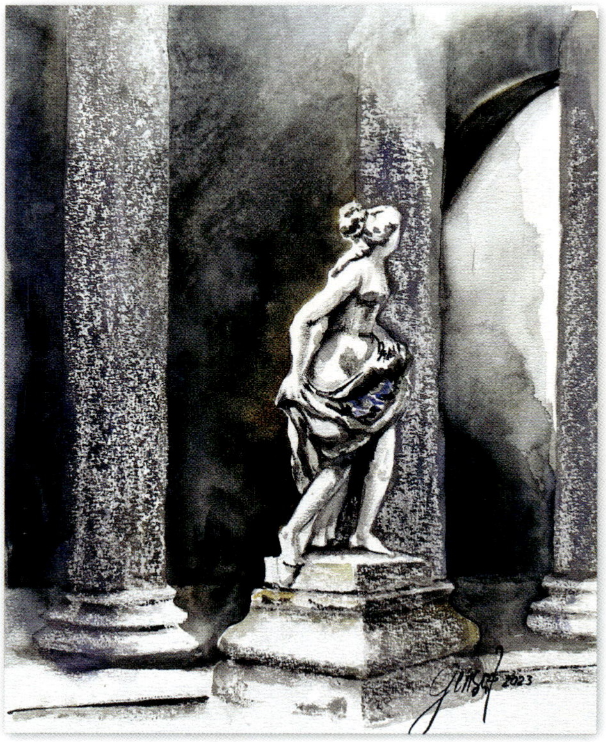

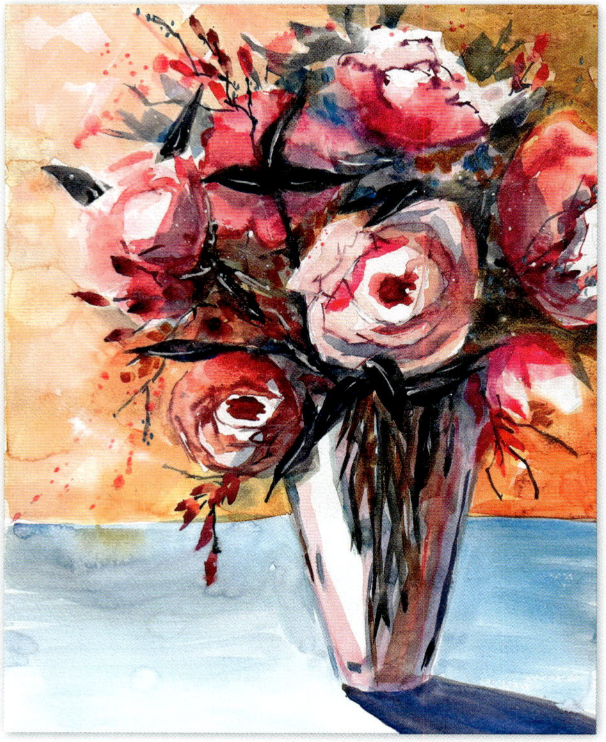

Motive Step by Step

Im Folgenden kannst du die verschiedenen Techniken an einzelnen Bildern ausprobieren. Damit du hier auch dein Lieblingsmotiv findest, zeige ich dir Landschaften, Blumen, Stillleben, Stadtansichten und Bilder mit Menschen und Tieren. Tipps und Tricks helfen dir zusätzlich bei der Umsetzung. Bei jedem Motiv habe ich die Farben unterschiedlicher Hersteller beschrieben. Alle haben Grundfarben, auf deren Basis gemischt wird. Weitere Farben, die sich nur schwer durch Mischen erreichen lassen, dienen als Ergänzung. Du kannst alle Motive auch mit deinen Farben bzw. denen eines Herstellers malen.

Feldlandschaft

(Nass-in-Nass-Technik)

Material

Aquarellpapier matt, 31 × 41 cm, z. B. Lana, Hahnemühle
Aquarellfarben, z. B. Schmincke:
Französisch Ultramarin
Kobaltblauton
Vandyckbraun
Jaune brillant tief
Titangoldocker
Pinsel: Katzenzungenpinsel, Linierer

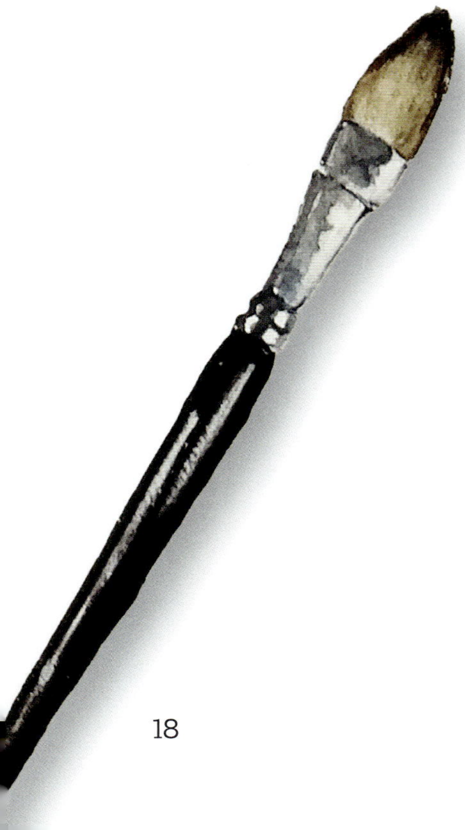

Bei dieser sommerlichen Landschaft bringt der perspektivische Wolkenverlauf zum Horizont hin Dynamik in das Motiv. Wichtig ist auch die Farbmischung. Reines Blau wäre zu intensiv, um den Himmel überzeugend darzustellen. Daher sollte man immer verschiedene Blautöne verwenden und mindestens zwei davon mit etwas Braun mischen. Hier ist eine intensive Himmelsbeobachtung sehr hilfreich.

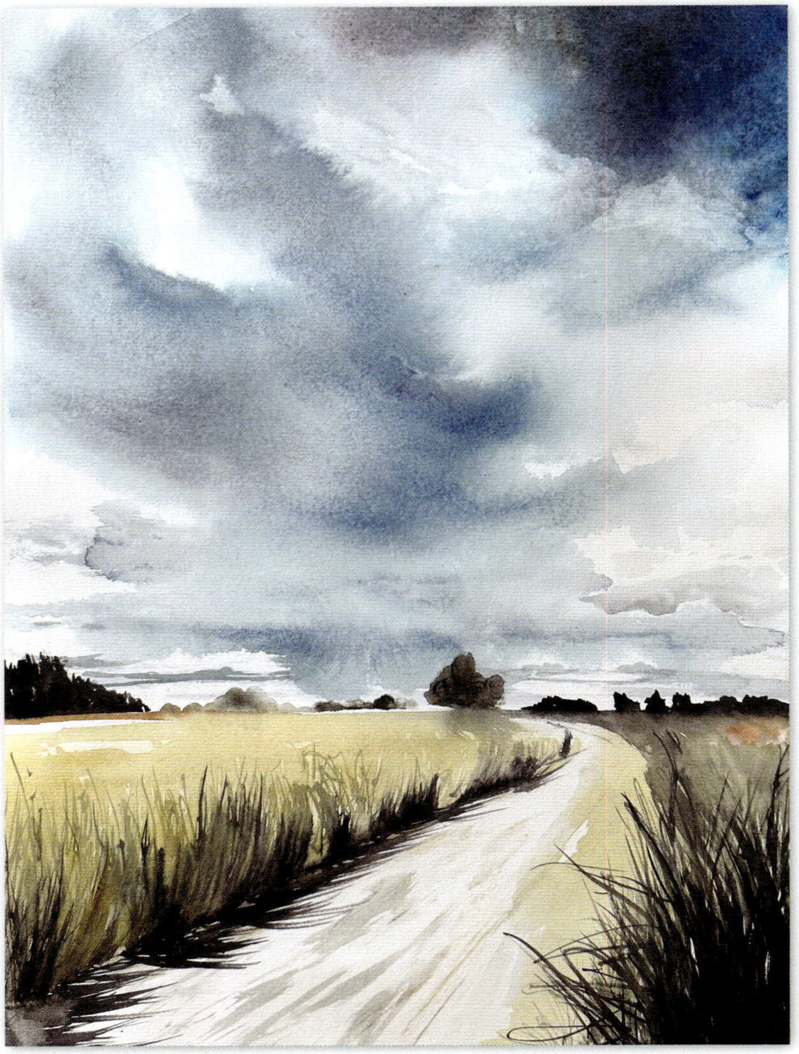

1. Schritt

Die oberen zwei Drittel des Papiers mit Wasser anfeuchten. Französisch Ultramarin und Kobaltblauton mit etwas Vandyckbraun abtönen. Die Farbe vom oberen Rand locker bis zum Horizont auftragen. Dabei für die Wolken immer mehr weiße Flächen aussparen, sodass die blauen Flächen perspektivisch schmaler werden. So erhält der Himmel eine dreidimensionale Wirkung. Damit der Verlauf intensiver wird, das Papier nach dem Farbauftrag etwas anheben und die Pigmente zum oberen Rand laufen lassen.

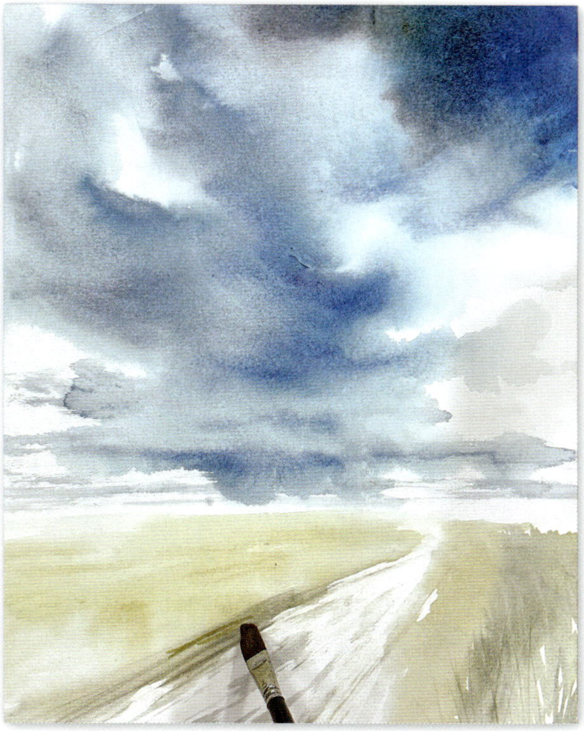

2. Schritt

Die Feldflächen mit hell angemischtem Jaune brillant tief aquarellieren. Dabei den Feldweg weiß aussparen. Mit dem Pinsel ein paar Spritzer aus mit Blau abgetöntem Braun aufspritzen und mit den Fingerkuppen zum unteren Rand verziehen. Das ist der perspektivische Gegenpol zum Himmel. Den linken Rand des Weges etwas abdunkeln.

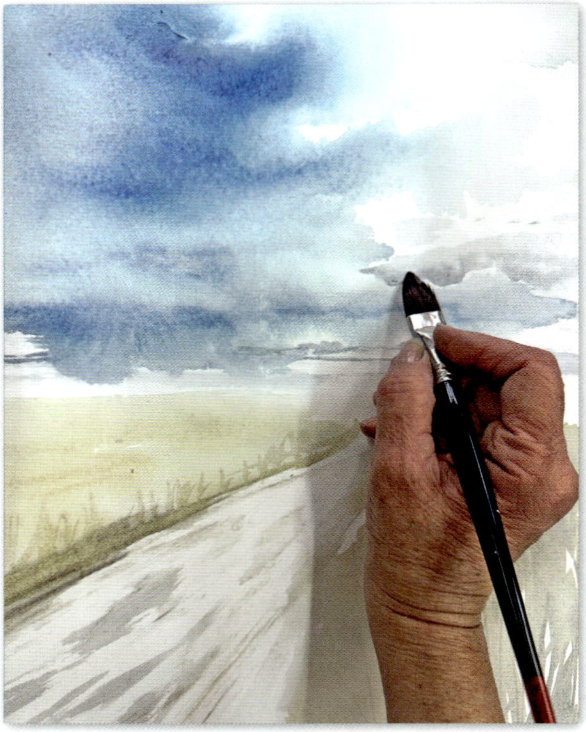

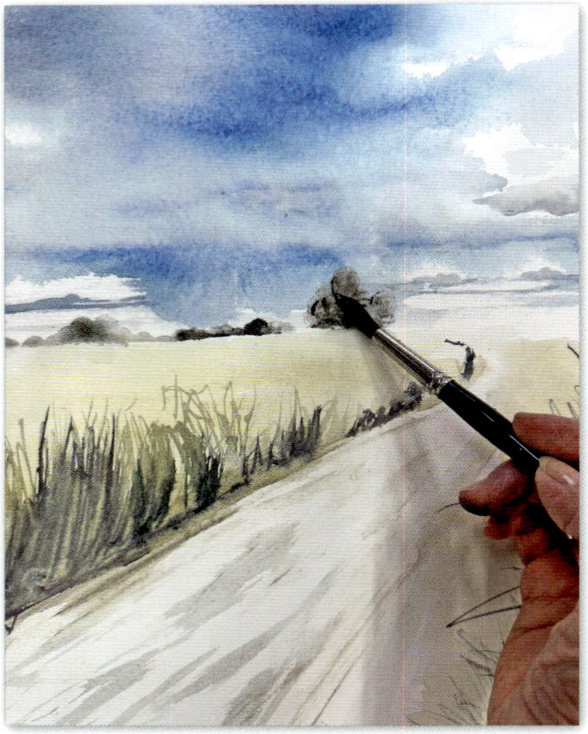

3. Schritt

Die dunkleren Wolken mit einer dünnen Lasur aus Französisch Ultramarin, etwas Kobaltblauton mit wenig Vandyckbraun gemischt in den feuchten Himmel setzen. Je nachdem, wie die Himmelsfarbe verlaufen ist, kann die Form sehr individuell sein.

Tipp: Besonders bei einer nass in nass gemalten Himmelsfläche sollte im ersten Farbauftrag viel Pigment verwendet werden, damit nach dem Trocknen eine schöne Aquarellfläche entsteht. Je öfter eine Fläche übermalt wird, desto schwieriger werden die Übergänge und desto stumpfer wird die Fläche.

4. Schritt

Mit einer Mischung aus Französisch Ultramarin oder Kobaltblauton mit Vandyckbraun und Titangoldocker die Gräser am Weg linieren. Mit der Pinselspitze am Wegrand ansetzen und dann mit einem leichten Schwung nach oben ziehen. Je näher sich die Gräser zum Horizont befinden, desto kürzer werden sie gemalt. Am Horizont Büsche und Bäume leicht andeuten.

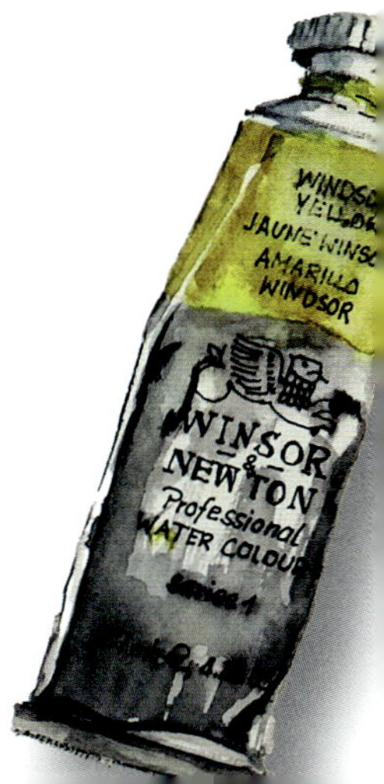

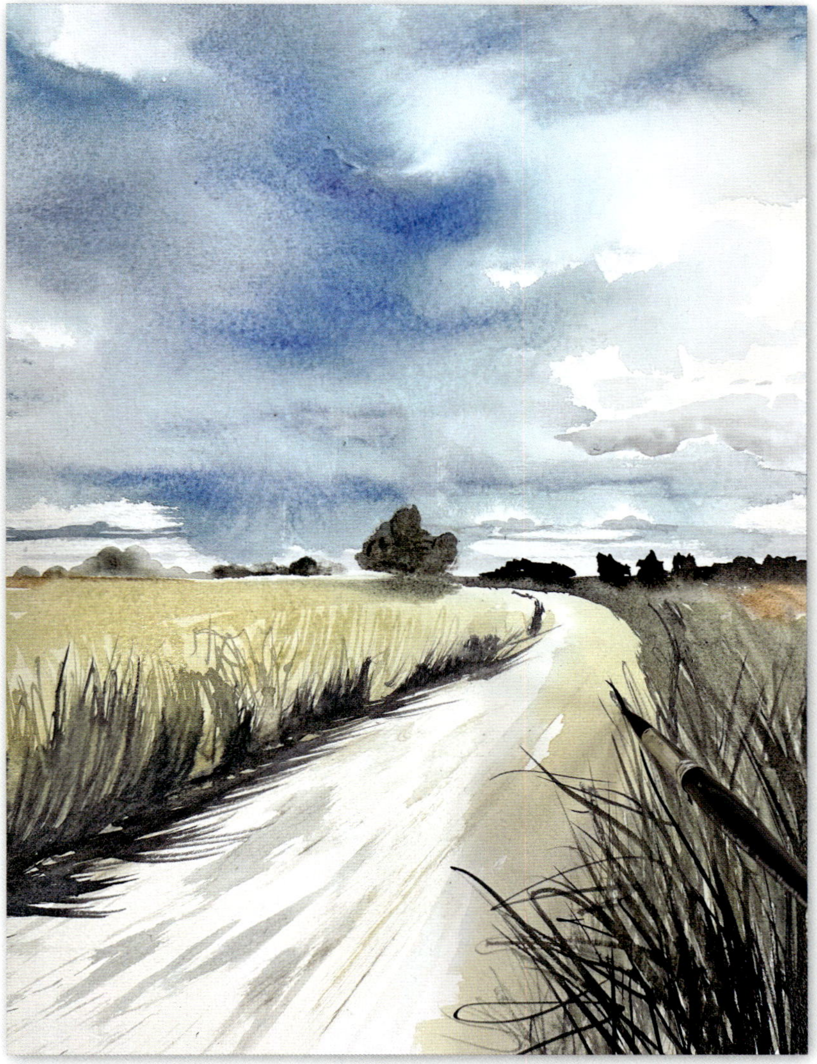

5. Schritt

Zum Abschluss die Schlagschatten der Gräser auf dem Weg ergänzen und die Gräser am rechten unteren Bildrand intensivieren. Damit wird der Betrachter des Werkes in das Motiv geleitet.

Tipp: Gräser zu malen gelingt im Stehen leichter als im Sitzen. Im Stehen werden sie lockerer und schwungvoller. Dafür den Pinsel weiter hinten am Schaft anfassen. Eine Probe auf Schmierpapier hilft dir, dich einzuschätzen.

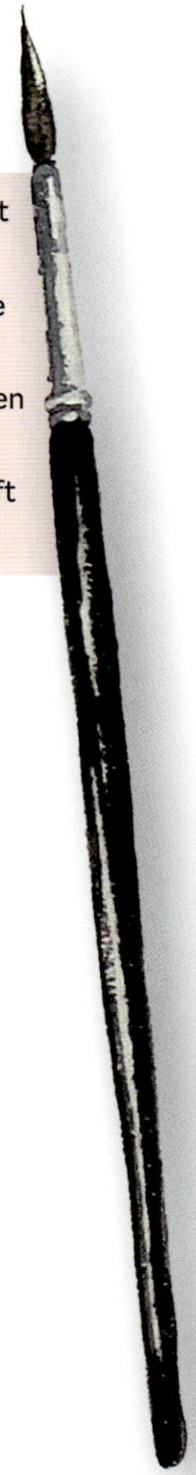

Dünengras

(Aussparen mit Maskierflüssigkeit)

Material

- Aquarellpapier rau, 26 × 36 cm, z. B. Arches
- Aquarellfarben, z. B. Winsor & Newton:
- Kadmiumhellgelb
- Französisch Ultramarin
- Coelinblau
- Winsorblau
- Vandyke Braun
- Indigo
- Goldocker
- Titanweiß
- Maskierflüssigkeit
- Stück Aquarellpapier zum Auftragen der Maskierflüssigkeit
- Pinsel: Flachpinsel, Linierer

Tipp: Generell sollte man Maskierflüssigkeit nur mit alten Pinseln auftragen, die man nicht mehr braucht, denn die Flüssigkeit lässt sich meist nicht mehr vollständig aus dem Pinsel entfernen. Außerdem eignen sich auch Holzzahnstocher, Wattestäbchen oder geschnittenes Aquarellpapier zum Auftragen.

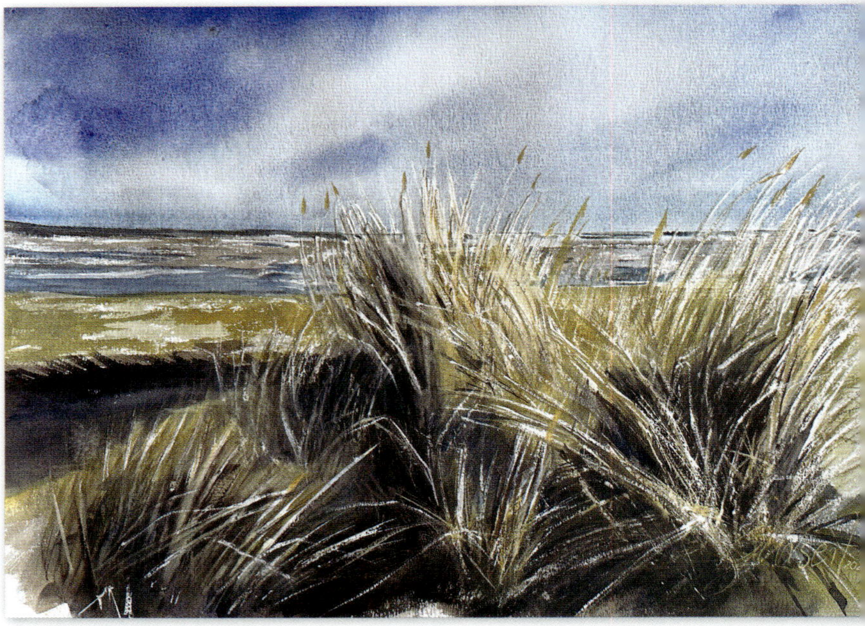

Maskierflüssigkeit, oder auch Maskierfilm genannt, ist sehr hilfreich, wenn man feine Details aussparen möchte. Hier habe ich für die dünnen Grashalme zunächst etwas Maskierflüssigkeit mit ein paar Tropfen Wasser verdünnt. Dann habe ich die einzelnen Halme mit der Kante eines Stücks Aquarellpapier gezogen.

Maskierflüssigkeit ist meist blau eingefärbt, sodass man sehen kann, wo man sie aufgetragen hat. Wird die getrocknete Flüssigkeit später wieder abgerubbelt, verschwindet natürlich auch die blaue Färbung.

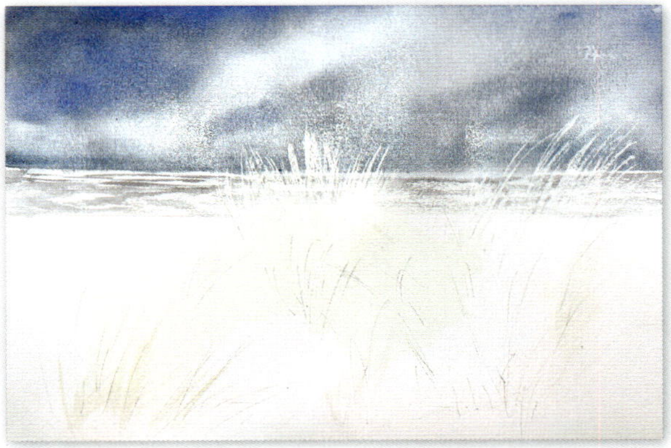

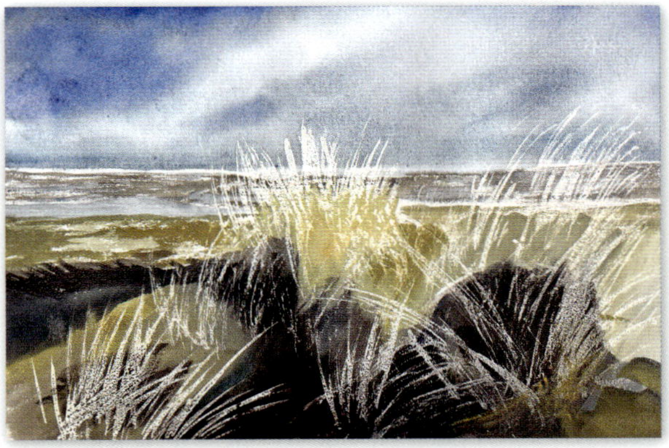

1. Schritt

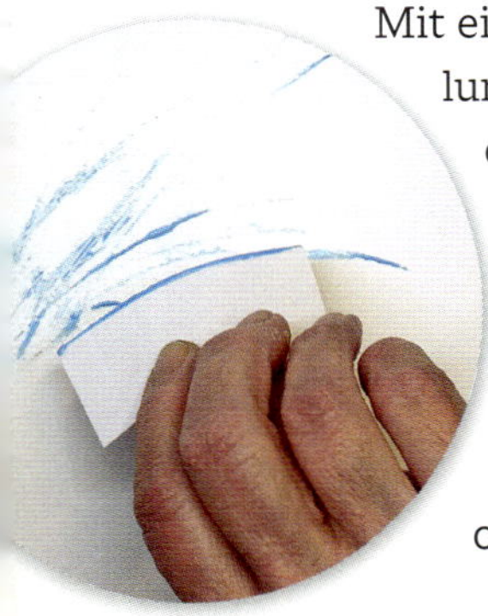

Mit einem Bleistift grob die Einteilung des Bildes vornehmen und das Dünengras skizzieren. Dann im Vorder- und Mittelgrund die Maskierflüssigkeit mit der Kante eines Stücks Aquarellpapier scharfkantig aufziehen. Trocknen lassen oder föhnen.

Aus Französisch Ultramarin und Coelinblau die Himmelsfarbe mischen und auf den angefeuchteten Untergrund lavieren.

Dabei von links nach rechts heller werden. So wird die Windrichtung angedeutet. Anschließend die Wasseroberfläche durch versetzte Striche mit einem aus den Grundfarben gemischten Grauton andeuten.

2. Schritt

Den Strand und den Dünengrund mit Goldocker anlegen. Anschließend mit einer Mischung aus Indigo und Vandyke Braun den dunklen Schatten in die Tiefe der Grasbüschel legen.

Tipp: Mit viel Pigment arbeiten, da es nach dem Trocknen sehr viel heller ist. Im Vergleich von Schritt 2 zum fertigen Bild kann man das sehr gut sehen.

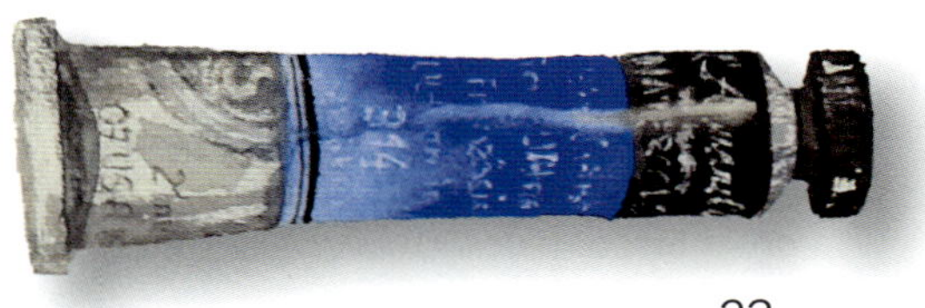

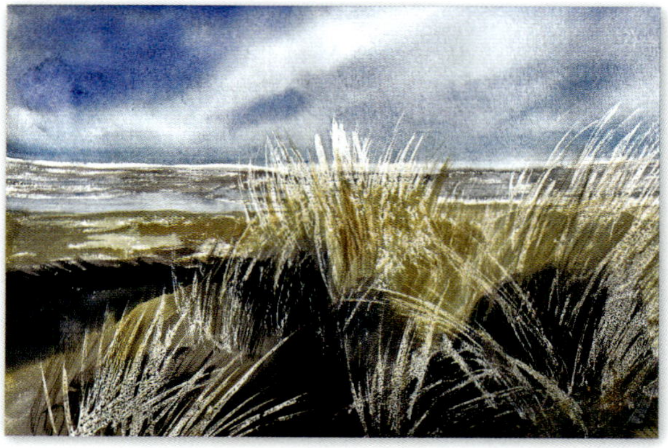

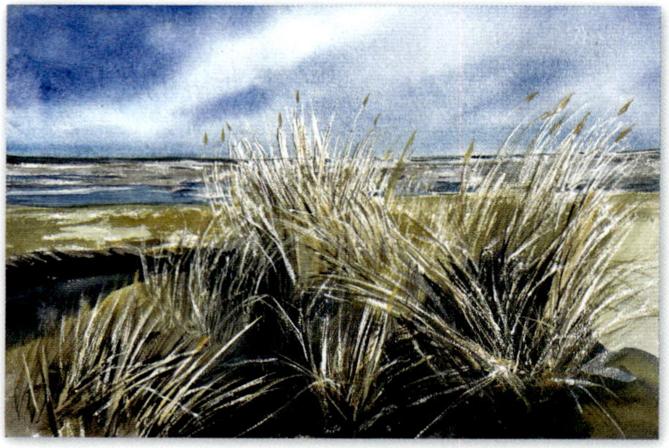

3. Schritt

Eventuell die Schattenflächen dunkler nachsetzen, falls der erste Farbauftrag zu hell aufgetrocknet ist. Daher sollte man den Maskierfilm erst entfernen, wenn der Schatten dunkel genug ist.

Wenn dann alle Oberflächen vollständig getrocknet sind, den Maskierfilm vorsichtig mit den Fingerkuppen oder mit einem festen Radiergummi abrubbeln.

4. Schritt

Nun mit einem Linierer dunkle Gräser als Verbindung zwischen Schatten- und Sonnenfläche malen. Dafür Goldocker mit der Schattenfarbe mischen und in unterschiedlichen Tonwerten auftragen. Die meisten Gräser sollten sich in die Windrichtung neigen, die auch aus dem Wolkenzug deutlich wird. So wirkt das Bild dynamischer. Mit etwas Fleiß verdichtet sich der Dünengrasbüschel schnell. Ein paar Strandhaferspitzen lockern das Dünengras auf.

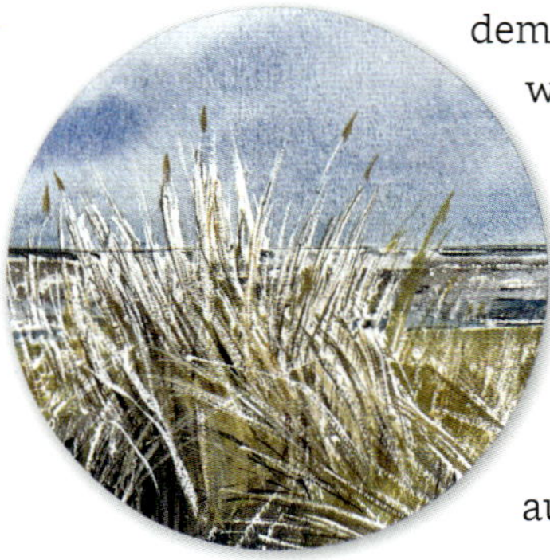

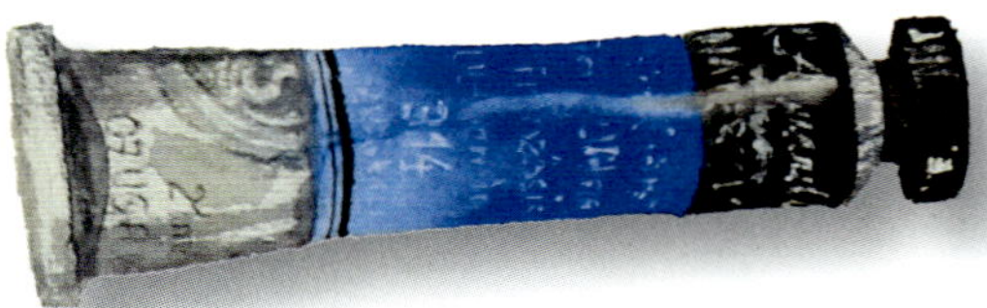

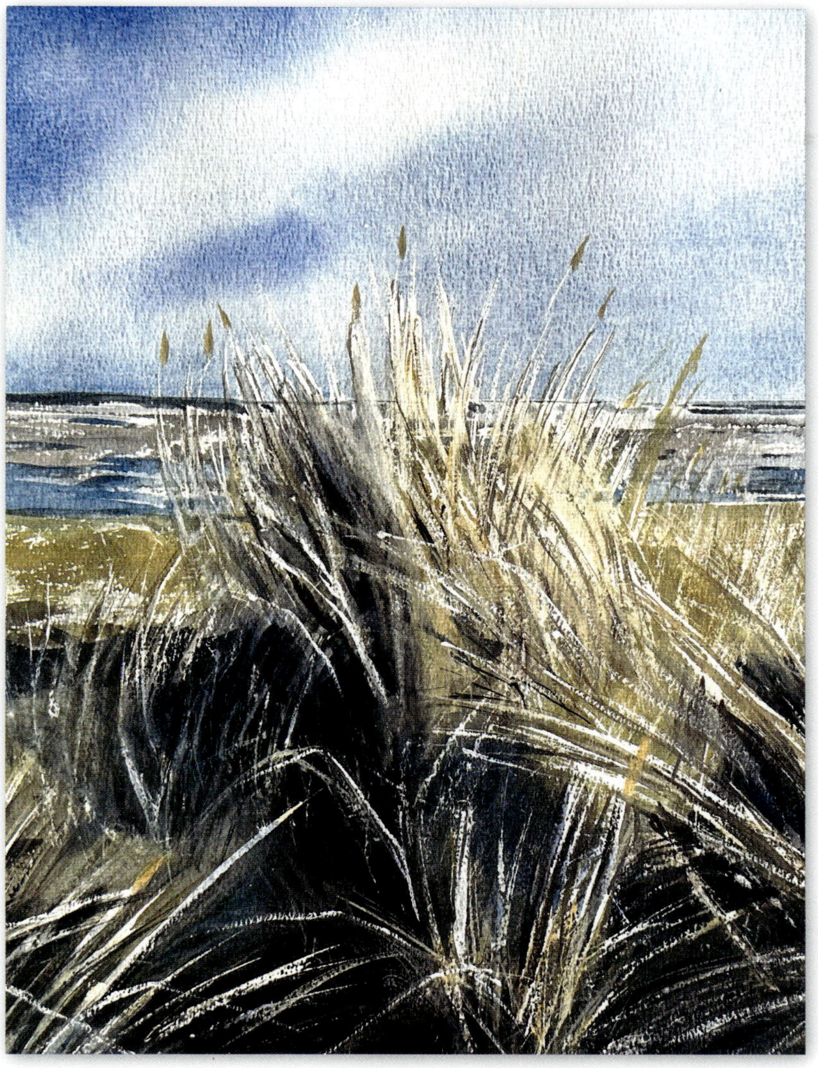

5. Schritt
Um Licht in das Bild zu bringen, können je nach Bedarf noch weitere Gräser mit recht pastosem Titanweiß und dem Linierer granuliert aufgetragen werden.

Abgeknickte Gräser, die über die untere Schattenfläche verlaufen, füllen das Dünengras malerisch auf. So werden die Zwischenräume verdichtet und das Bild wirkt homogener.

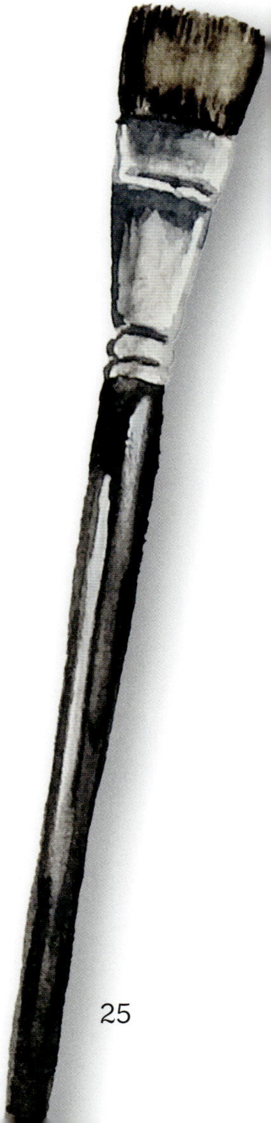

Welle

(Aussparen von Papierweiß)

Material

Aquarellpapier matt, 20 × 50 cm,
z. B. Aquarellblock Cornwall,
Hahnemühle
Aquarellfarben,
z. B. Winsor& Newton:
Französisch Ultramarin
Kadmiumhellgelb
Permanent Alizarinkarmesin
Coelinblau
Pinsel: Flachpinsel, Linierer,
Rundpinsel

Tipp: Lieber zu Beginn des Bildes viel Papierweiß stehen lassen. Im Laufe des Malprozesses wird es immer weniger. Durch die vielen Schichten der Abtönung entwickelt sich das Papierweiß zu einer Lichtreflexion.

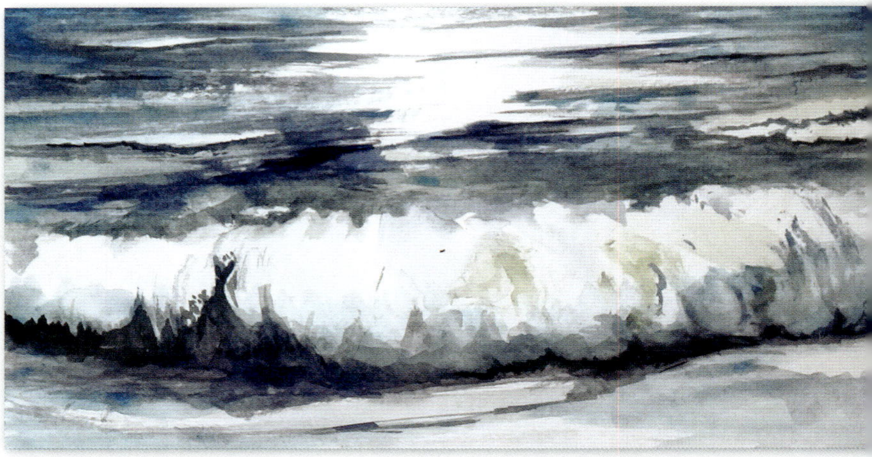

Auf diesem kleinen extremen Querformat habe ich eine anrollende Welle dargestellt. Wellen und Gischt sind immer beliebte Motive, mit denen sich ein ganzes Bild malerisch füllen lässt. Wellen haben immer eine perspektivische Anordnung, je nachdem, wie man auf sie schaut. Hier sehen wir eine in frontal Ansicht.

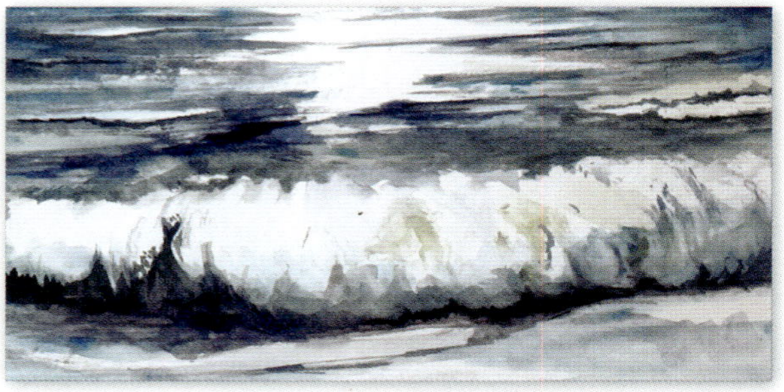

1. Schritt
Für den ersten Farbauftrag aus den Grundfarben einen Grauton mischen. Diesen mit dem Linierer oder dem Rundpinsel als erste Schatten unter die Gischt der Welle setzen.

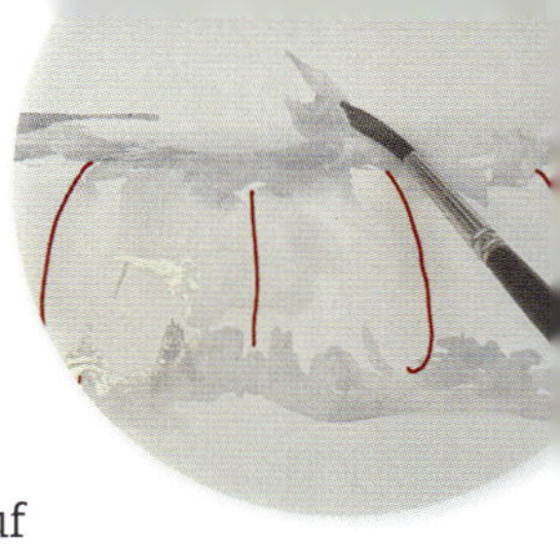

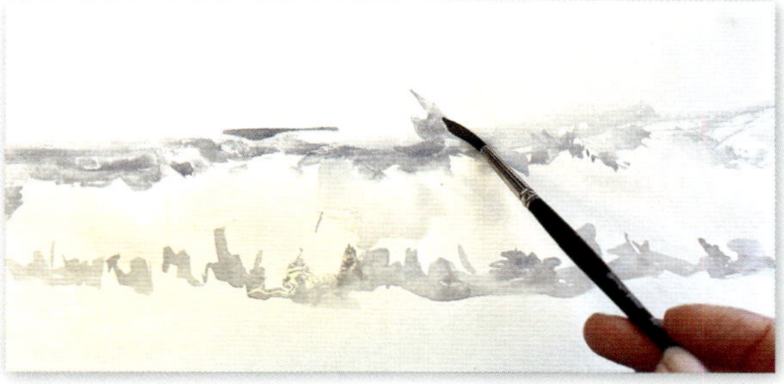

2. Schritt

Nun ein gutes Stück oberhalb die Höhe der Gischt festlegen und auch hier den Grauton auftragen. Dabei auf die perspektivische Wirkung achten: Wenn man frontal zur Welle steht, bewegen sich die auf dem Wasser fein angedeuteten Linien des Sonnenstrahls auf den Betrachter zu.

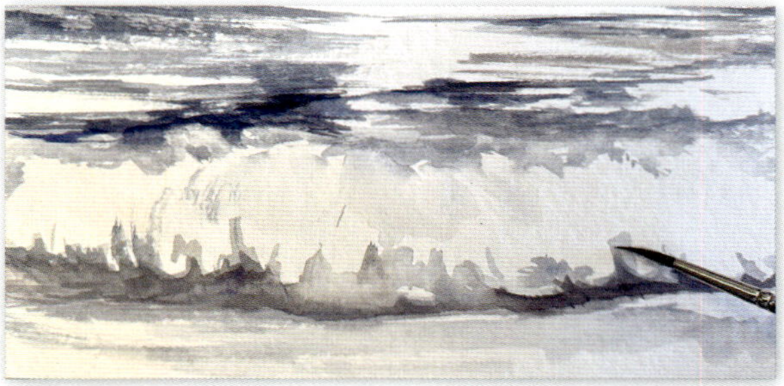

3. Schritt

Nun über der Gischtkrone der Welle die Wasserfläche locker andeuten. Für den Lichteinfall in der Mitte Papierweiß aussparen. Die Bewegung kann man sich in flachen Ellipsen gut vorstellen. Die Zwischenräume der Gischt durch verschiedene Tonwerte strukturieren.

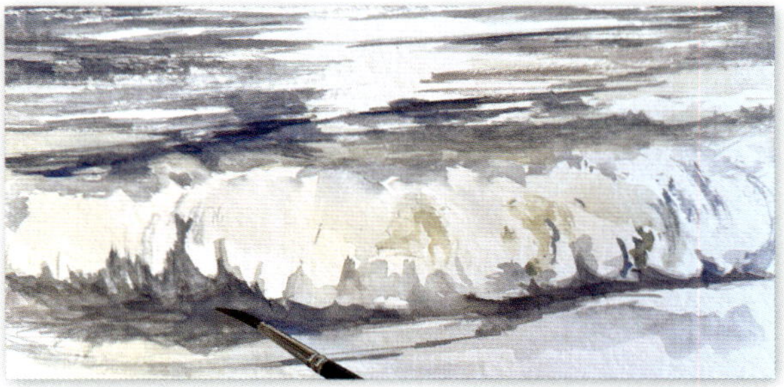

4. Schritt

Die Schattenflächen nochmals dunkler nachsetzen. Aus Kadmiumhellgelb und Permanent Alizarinkarmesin einen Ockerton mischen. Mit dem stark verdünnten Ton das Wasser und die Welle farblich kompakter malen.

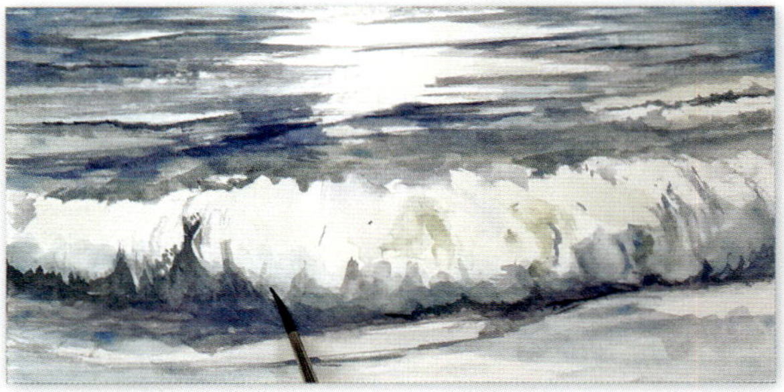

5. Schritt

Mit einer Lasur aus Coelinblau dem Wasser rechts und links seine Farbigkeit geben. Die Farbe wird zum Teil auch über die weißen Flächen gemalt. Diese bleiben dann etwas heller als die ersten Farbaufträge. So schließt sich die Wasseroberfläche malerisch und die Sonnenreflexion wird intensiver.

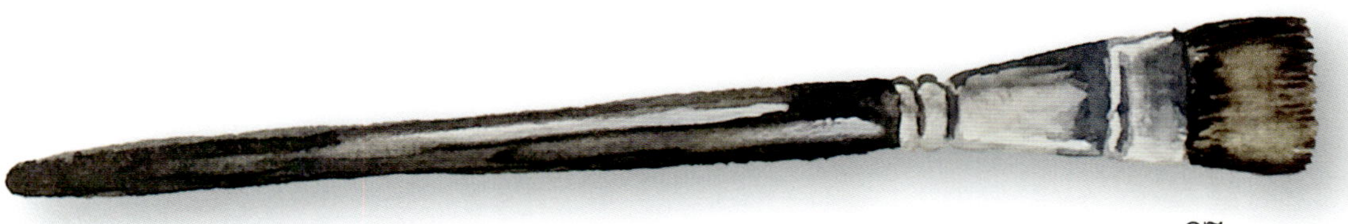

Sonnenuntergang

(Granulieren und Lasieren)

Material

Aquarellpapier rau, 23 × 31 cm,
z. B. Arches
Aquarellfarben, z. B. Mijello
Mission Gold:
Zitronengelb
Ultramarinblau
Permanent Magenta
Pinsel: Flachpinsel, Linierer

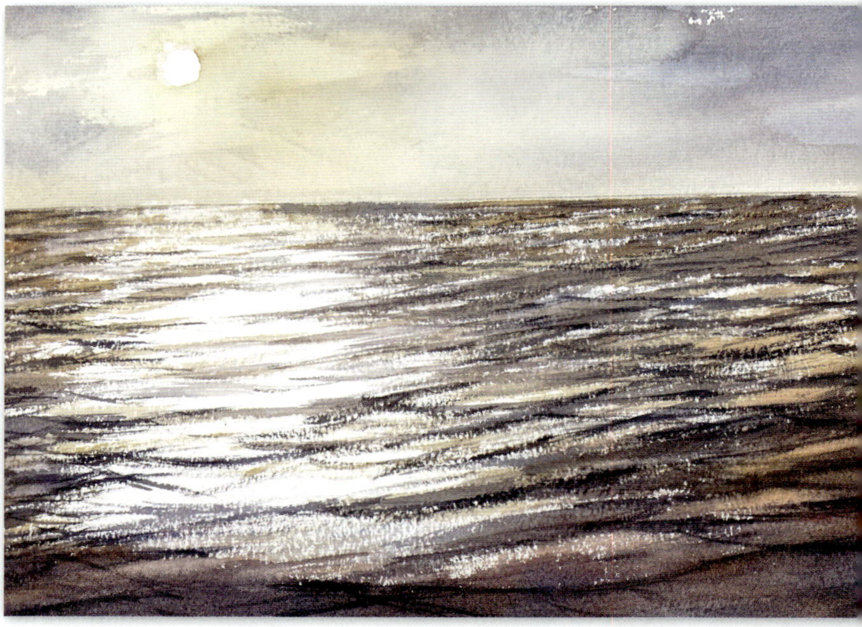

Wer entspannt nicht beim Gedanken an Sonnenuntergänge am Meer? Mit der Technik des Granulierens in Kombination mit Lasuren ist es ganz einfach, solche Eindrücke auch bildlich darzustellen.

Am besten gelingt das Granulieren auf einem rauen oder Torchon-Papier, das durch die unregelmäßige Oberfläche nur an den erhabenen Bereichen Farbe aufnimmt. Die »Täler« bleiben weiß, wodurch der typische Granuliereffekt entsteht.

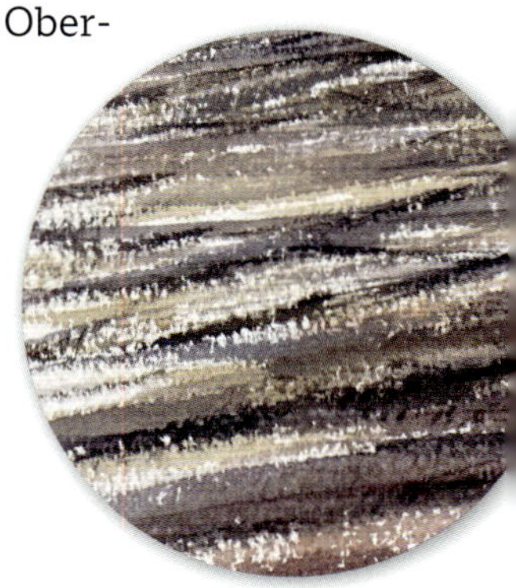

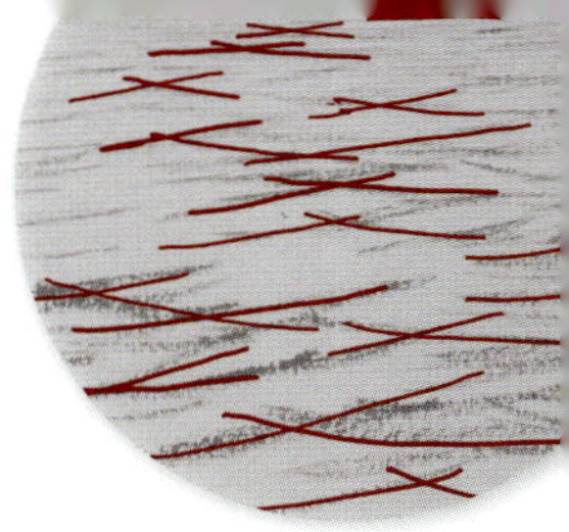

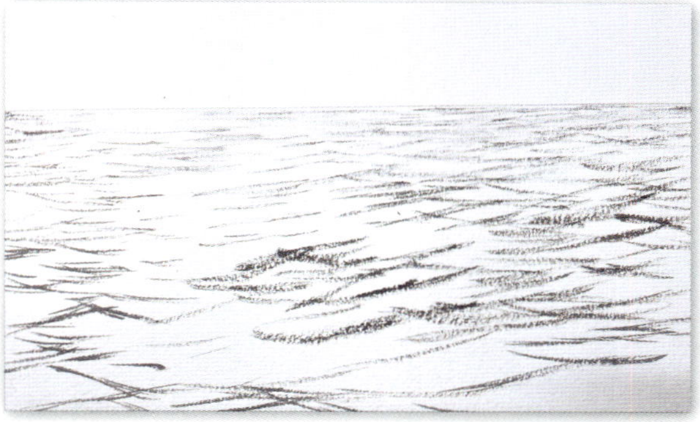

1. Schritt
Im ersten Schritt wird aus den Grundfarben ein Grau gemischt. Damit werden durch flachgezogene X-Formen die Schatten unter und zwischen den Wellen granulierend angedeutet. Zum Horizont hin werden die Formen immer kleiner, zum vorderen Rand hin größer und breiter.

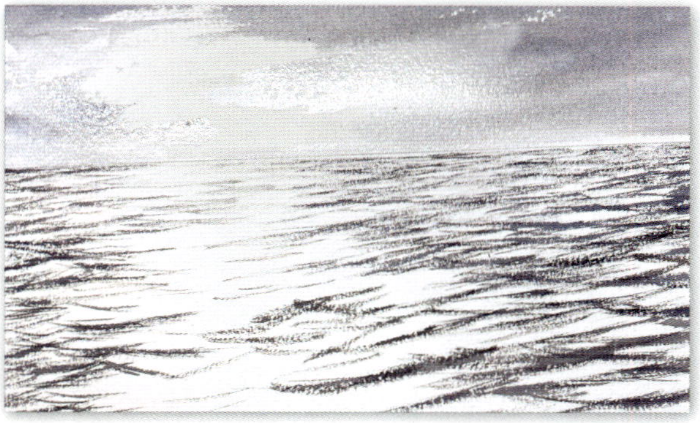

2. Schritt
Für den Himmel den Tonwert der Wellen mit Ultramarin etwas intensivieren. Dadurch wird das Bild sehr harmonisch. Dabei in der linken Bildhälfte in einem vertikalen Verlauf Flächen für den Lichteinfall freilassen. Auf der Wasserfläche den 1. Schritt wiederholen. Die flachen X-Formen dürfen sich dabei überschneiden, denn so verdichtet sich die Oberfläche und wirkt lebendiger.

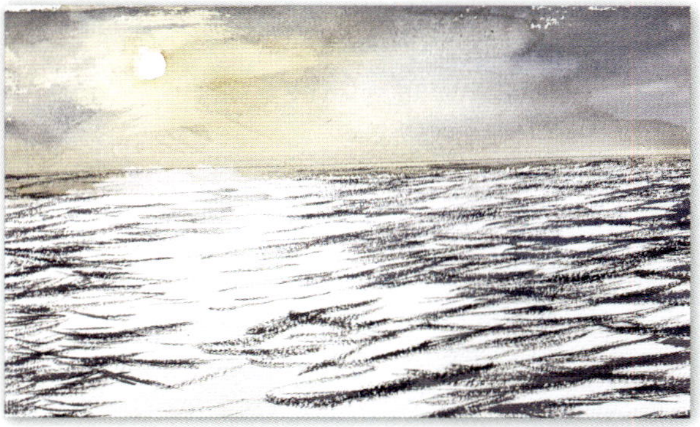

3. Schritt
Eine 1- oder 2-Euro-Münze dient nun als Platzhalter für die Sonne. Die Münze an die Stelle im Himmel legen, an der sich die Sonne befinden soll. Dann aus Zitronengelb und Magenta einen Lachston mischen. Diesen als Lasur über den getrockneten Himmel ziehen.

Tipp: Die Farbaufträge auf dem Wasser sooft wiederholen, bis der gewünschte Tonwert erreicht ist.

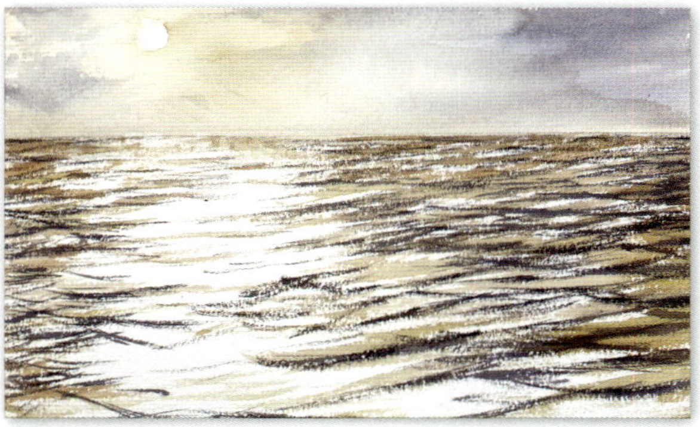

4. Schritt
Mit dem Lachston einen weiteren Farbauftrag auf die Wasserfläche legen. Die Überarbeitung nur zum Teil lasieren und für die Reflexion und Spiegelung der Sonne hier und da weiße Flächen stehen lassen. Nach vorn hin die Wasseroberfläche mit einem gemischten Violett abdunkeln. So wirkt die Sonnenreflexion noch intensiver.

Rheinaue

(Folientechnik)

Material

- Aquarellpapier satiniert, 26 × 36 cm, z. B. Lana, Hahnemühle
- Aquarellfarben, z. B. Schmincke:
- Kadmiumgelb hell
- Französisch Ultramarin
- Coelinblauton
- Indigo
- Vandyckbraun
- Titanweiß
- Pinsel: Flachpinsel, Katzenzungenpinsel
- Klarsichtfolie

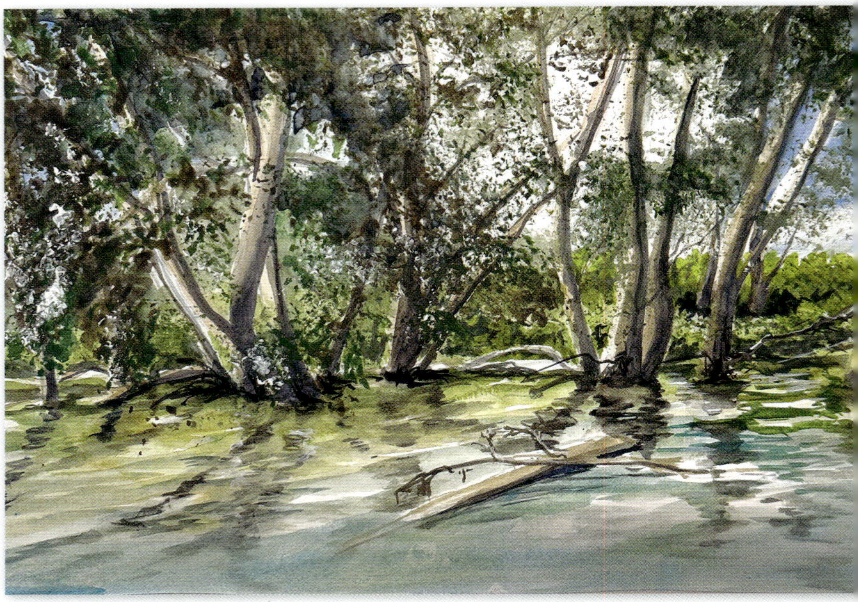

Mit der Folientechnik lassen sich sehr gut unregelmäßige Strukturen auftupfen. Diese Technik eignet sich hervorragend für die Darstellung von Blattwerk und Laub an Bäumen. So können kleinste Blätter erarbeitet werden.

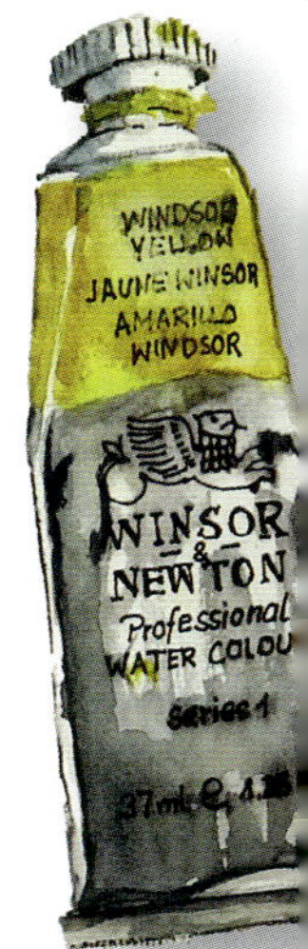

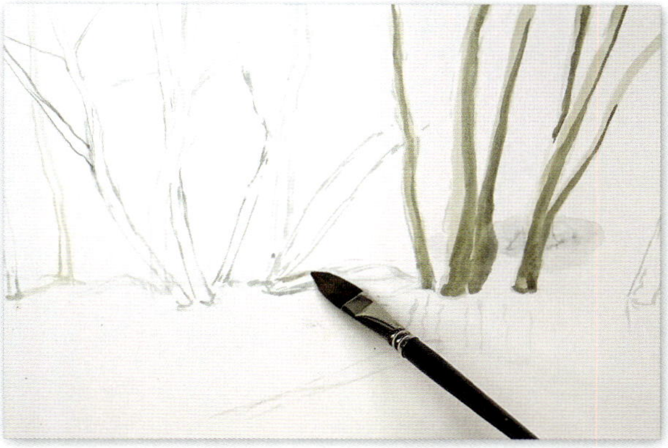

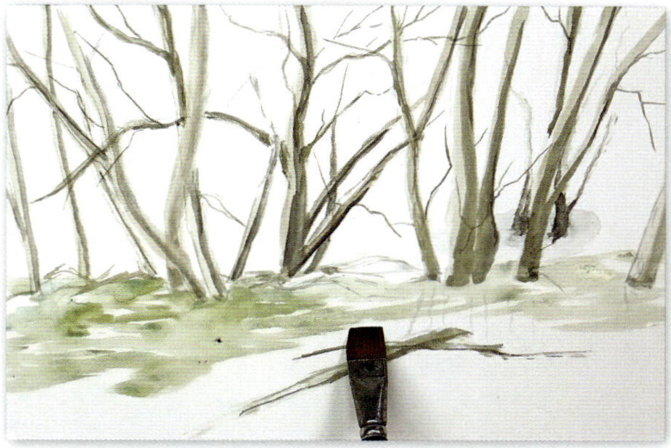

1. Schritt

Vandyckbraun mit Kadmiumgelb etwas aufhellen und mit der verdünnten Mischfarbe zart die Formen der Bäume skizzieren. Mit einem Papiertaschentuch den Farbauftrag abtupfen und so blasser korrigieren. Anschließend die Bäume mit Vandyckbraun füllen. Dafür die Farbe auf der rechten Seite auftragen und links am Stamm für den Lichtreflex Papierweiß stehen lassen.

> Tipp: Versuche, immer die Lichtreflexe innerhalb des Objektes (hier die Baumstämme) stehen zu lassen. Dadurch behalten die Objekte ihre Form.

2. Schritt

Die Wasserfläche unter den Bäumen mit einem grünlichen Ton aus Französisch Ultramarin und Kadmiumgelb hell strukturieren. Dafür den Flachpinsel flach über den Malgrund ziehen. Für die Lichtreflexe hier und da weiße Linien aussparen.

Aus Kadmiumgelb hell und Coelinblau einen Türkiston mischen und zum unteren Bildrand hin in die Wasserfläche legen.

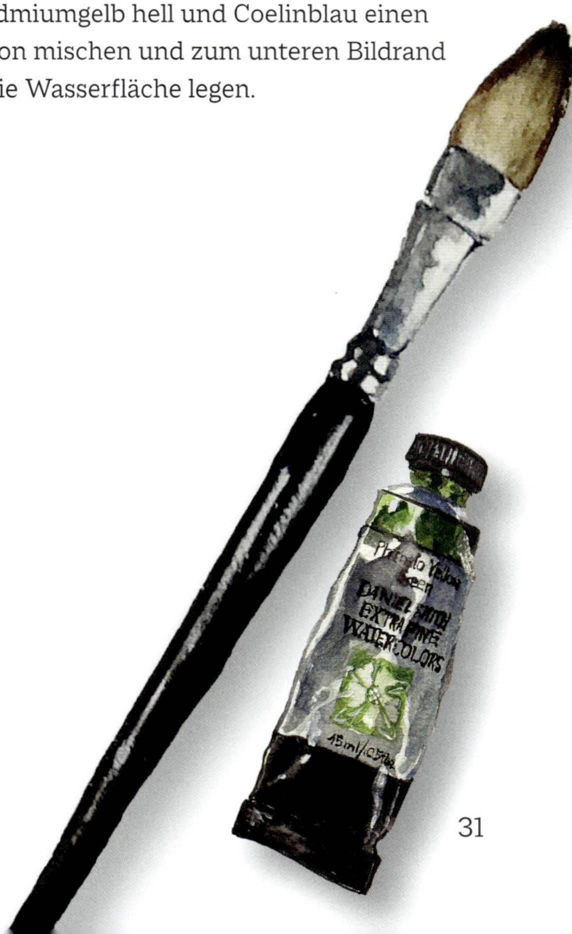

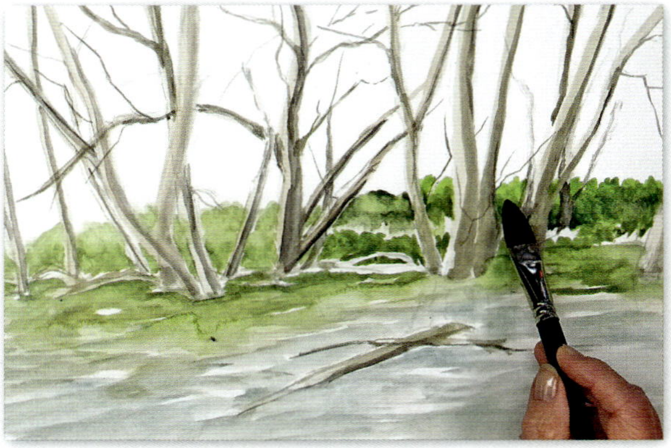

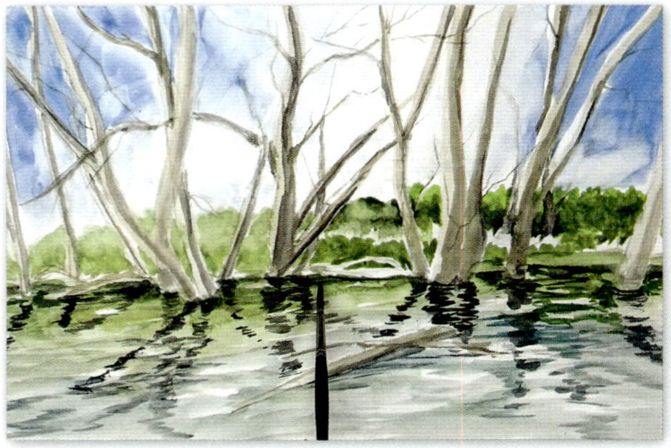

3. Schritt
Für die Grünfläche zwischen den Bäumen einen Grünton aus Französisch Ultramarin oder Coelinblauton und Kadmiumgelb hell mischen und in unterschiedlichen Tonwerten auftragen. Der Farbauftrag sollte im Hintergrund zunächst etwas heller sein und dann nach vorn hin intensiver werden.

4. Schritt
Für die Himmelsfläche aus Französisch Ultramarin und etwas Coelinblauton einen hellen Blauton mischen. Im Fokuspunkt des Bildes die Farbe mit einer Lavur in das Papierweiß auslaufen lassen.

Die Spiegelung der Bäume auf das Wasser malen. Für die Schatten in der Spiegelung einen dunklen Ton aus Indigo und Vandyckbraun mischen und in bewegten Formen auftragen. Hier und da Flächen für Lichtreflexionen aussparen. So entsteht eine spannende Spiegelung.

Anschließend die Farbe der Spiegelung auf den unteren Teil der Baumstämme lasieren, um die Bäume mit der Spiegelung zu verbinden.

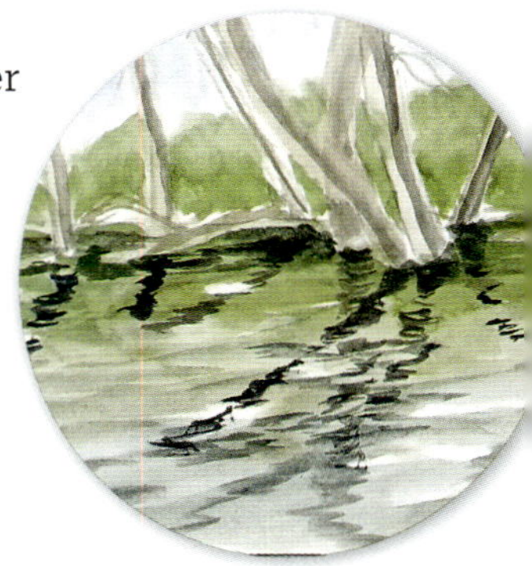

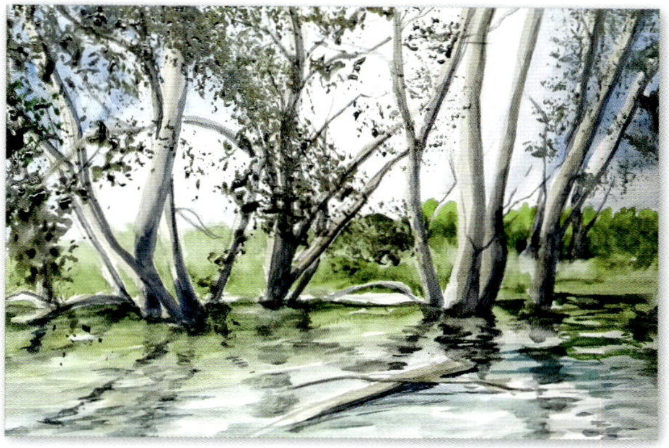

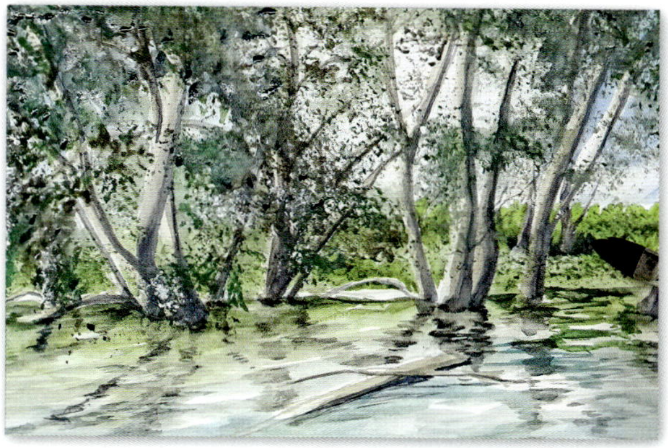

5. Schritt

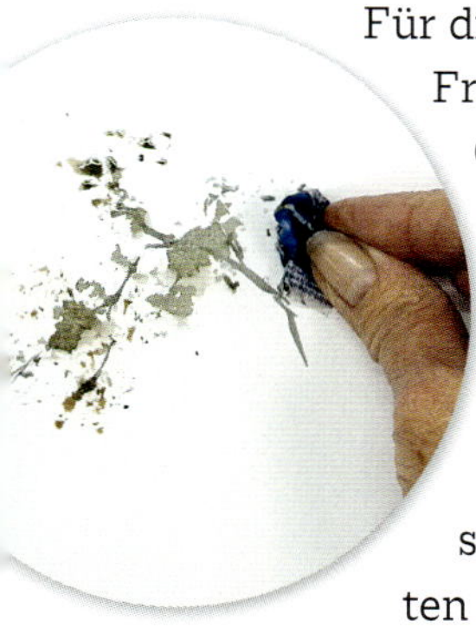

Für die Blätter Kadmiumgelb mit Französisch Ultramarin und/oder Coelinblauton mischen. Dann ein Stück Klarsichtfolie zusammendrücken, in die Blätterfarbe tauchen und auf die Baumspitzen stempeln. Mehrere Schichten in verschiedenen Tonwerten verdichten das Laub. Eine Probe auf einem Extrapapier kann hilfreich sein.

Tipp: Für das Laub-Aufstempeln kann man die Verpackungsfolie von Papiertaschentüchern oder auch Brötchentüten vom Bäcker wiederverwenden. Den »Stempel« beim Auftrag immer mal etwas drehen, dann werden die Blätter schön unregelmäßig.

6. Schritt

Im Hintergrund einige Tiefen mit einem leichten Schatten versehen. Damit entsteht mehr Räumlichkeit. Die Baumkronen durch eine leichte Lasur mit der gemischten Blätterfarbe verbinden. So fügen sich die Blätter flächig zusammen.

Die über das Wasser hängenden Blattstrukturen mit Lichtreflexen versehen. Dafür mit der Folientechnik und Titanweiß Strukturen auftupfen - so wenig wie möglich und so viel wie nötig für eine spannende Komposition.

Wald im Sonnenlicht

(Münz- und Auswaschtechnik)

Material

- Aquarellpapier rau, 30 × 40 cm,
- z. B. Clairefontaine
- Aquarellfarben,
- z. B. Mijello Mission Gold:
- Ultramarinblau
- Permanent Alizarinkarmin
- Zitronengelb
- Indigo
- Van-Dyck-Braun
- Orange-Rotgelb
- Pinsel: Flachpinsel, Linierer,
- Rundpinsel, Korrekturpinsel
- Maskierflüssigkeit
- Stück Aquarellpapier zum Auftragen
- der Maskierflüssigkeit
- 1- oder 2-Euro-Münze
- Klarsichtfolie

1. Schritt

Zunächst die Aufteilung grob mit einem Bleistift skizzieren. Ein paar Zweige im Vordergrund mit Maskierflüssigkeit und der Kante eines Stücks Aquarellpapier abdecken. Dann eine 1- oder 2-Euro-Münze als Platzhalter für die Sonne auflegen. Mit einem nassen Pinsel die Fläche um die Münze anfeuchten. Anschließend lasierendes Zitronengelb einfließen lassen. Ein Stück Folie zerknüllen und damit die Blätter um die Sonne auftupfen, zunächst mit Zitronengelb, dann mit Orange-Rotgelb und anderen gemischten Rot- und Gelbtönen usw. Je weiter nach außen zum Bildrand, desto dunkler der Farbton.

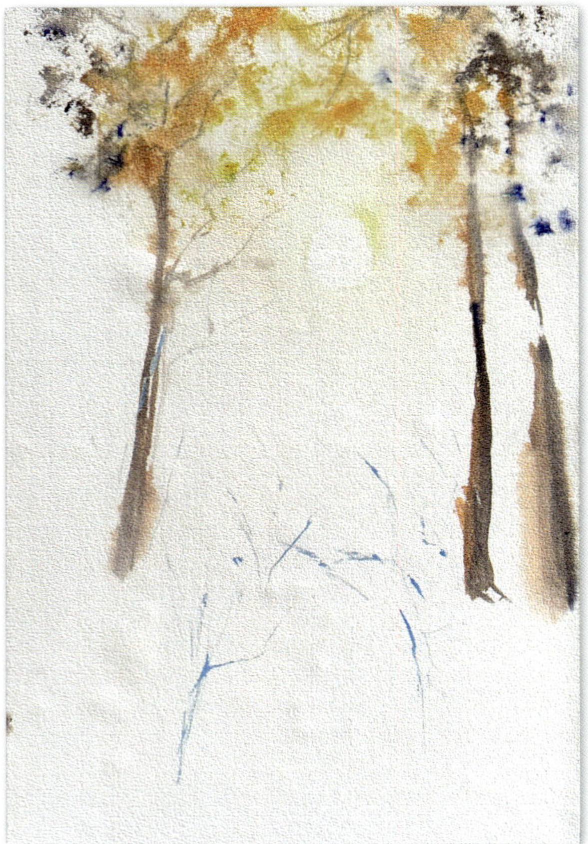

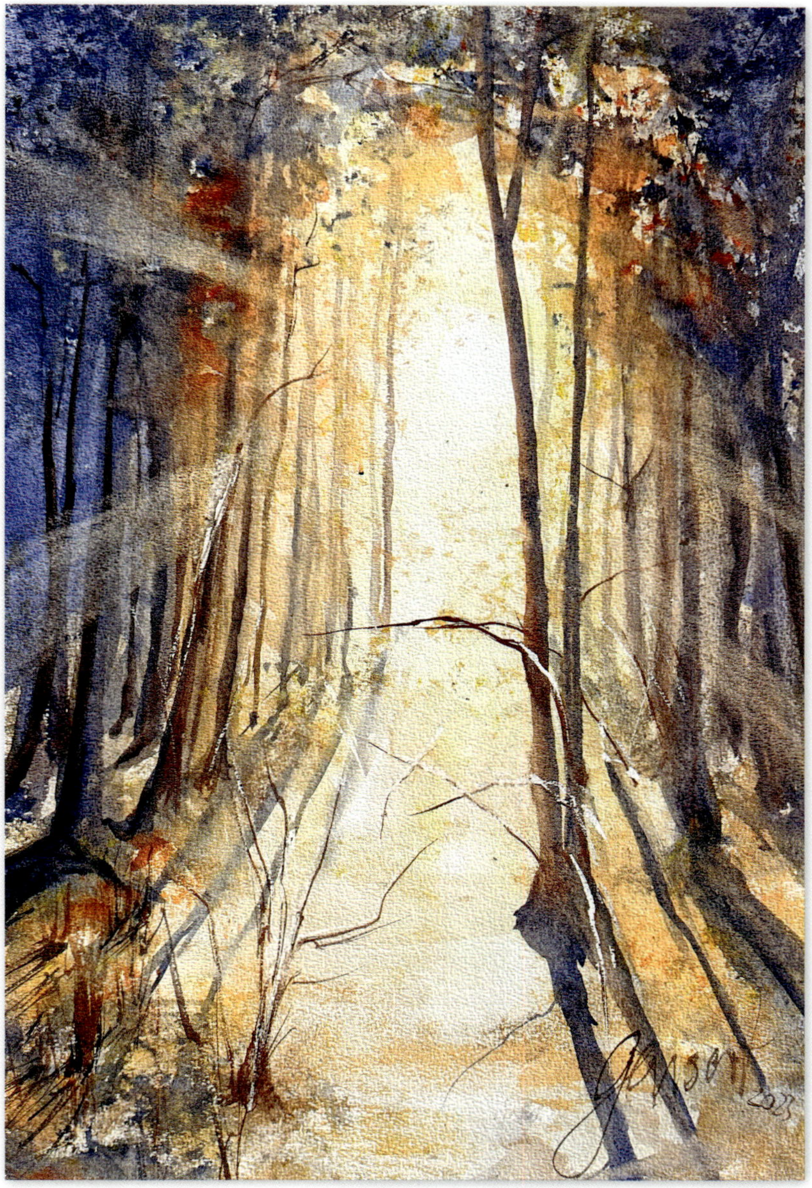

Tipp: Das Motiv wird interessanter, wenn der Lichteinfall unregelmäßig über das Motiv verteilt ist. Auch sollten es nicht zu viele Strahlen werden, damit das Bild nicht kitschig wirkt.

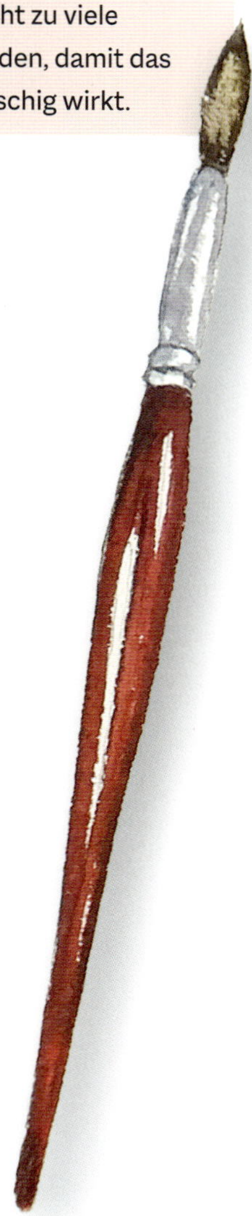

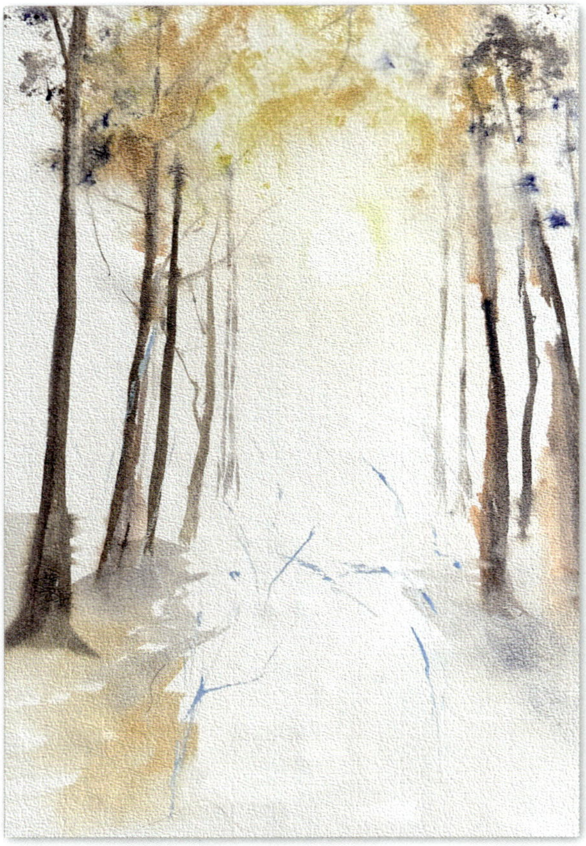

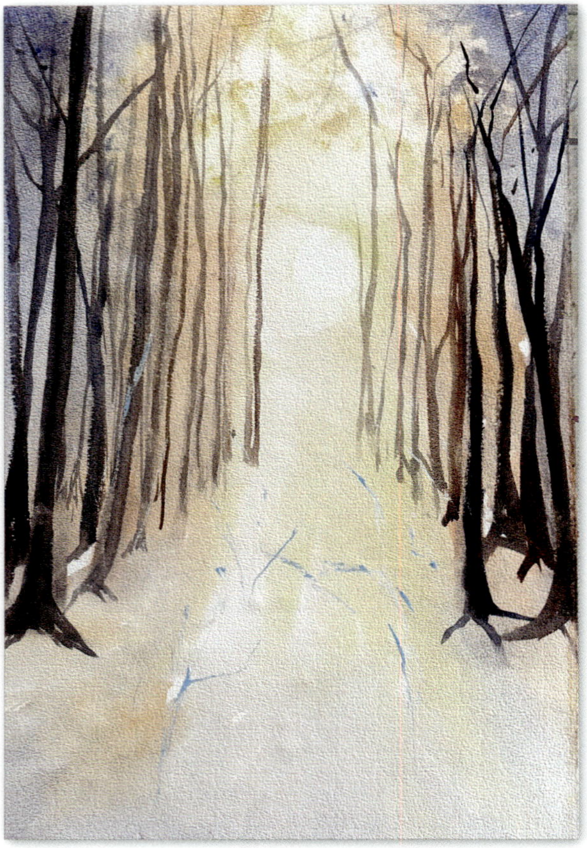

2. Schritt

Mit einer Mischung aus Orange-Rotgelb und Ultramarinblau die Baumstämme andeuten. Dabei die vorderen Stämme etwas dicker arbeiten und nach hinten dünner und lasierender werden. Ist die Farbe dennoch zu kräftig, kann man sie mit einem Papiertaschentuch abtupfen. Dann werden die Stämme sehr zart.

Merke: Die Summe aller Farben ist Braun. Orange wird aus Gelb und Rot gemischt. Mischt man das Orange mit Blau, erhält man ebenfalls ein Braun.

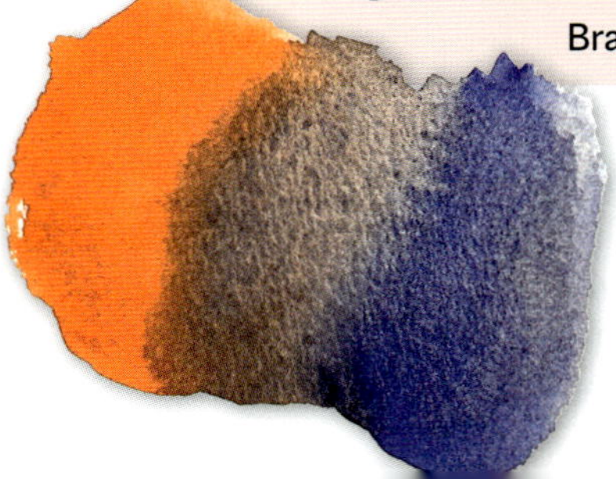

3. Schritt

Die Bäume weiter intensivieren und nach hinten dünner und dichter malen. Wenn die Baumstämme trocken sind, mit Lasuren die Lichtreflexion auf dem Waldboden einarbeiten. Im äußeren Randbereich den Wald mit Ultramarinblau dunkler gestalten. So wird das Licht noch mehr zum Fokus des Bildes.

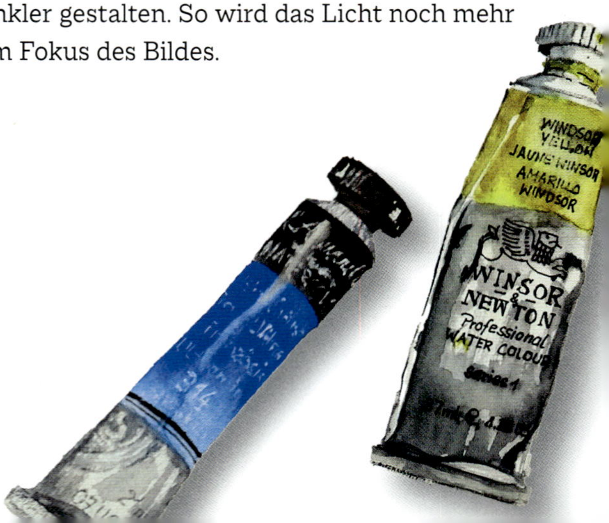

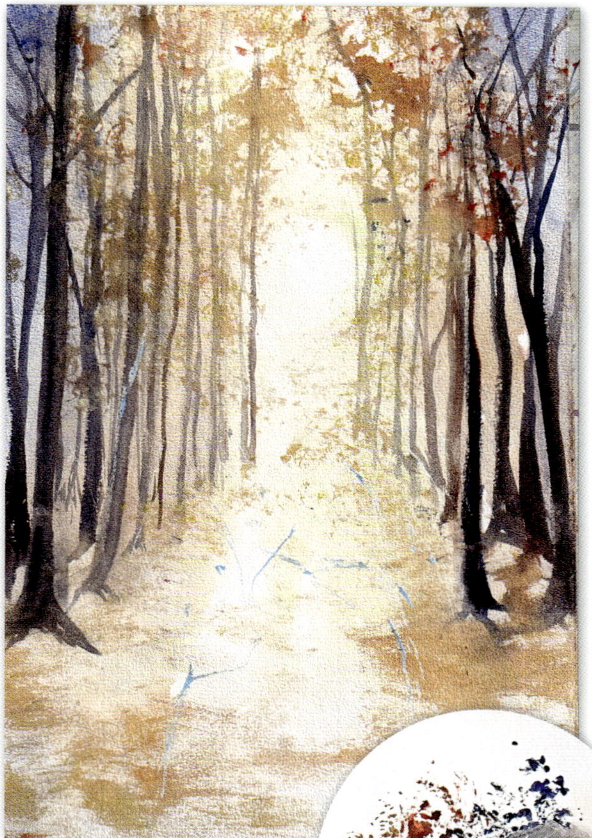

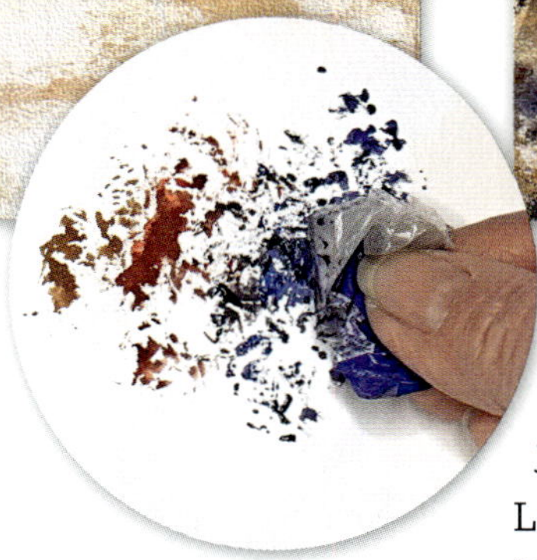

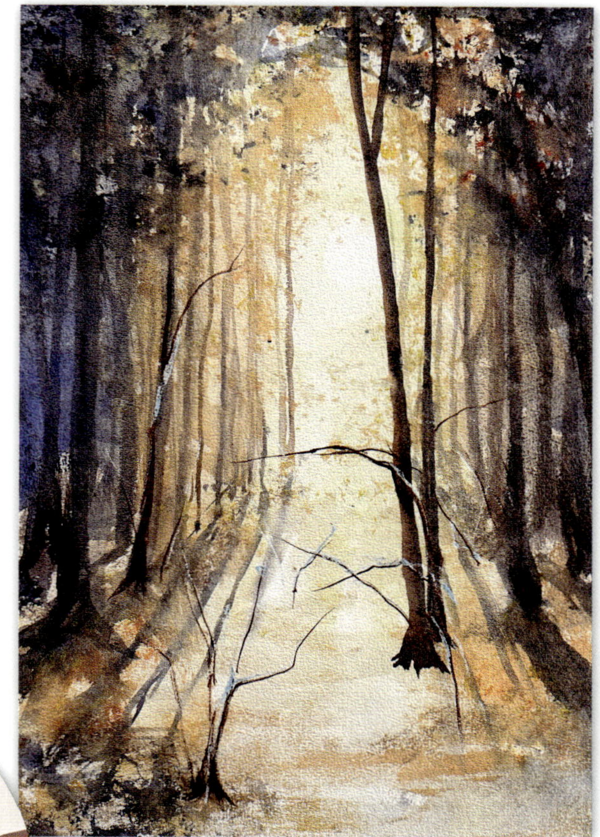

4. Schritt
Mit der Folientechnik die Blätter auf den Waldboden auftupfen. Nach vorn hin dürfen die einzelnen Flächen größer werden. Das bringt noch mehr Dreidimensionalität ins Bild. Alle Farbaufträge können mehrmals wiederholt werden, bis die gewünschte Tonwertstufe erreicht ist.

5. Schritt
Die Schlagschatten der Bäume in perspektivischer Ausrichtung - linke Seite nach links und rechte Seite nach rechts - auf den Waldboden malen. Feine dunkle Linien unter die mit Maskierflüssigkeit gezogenen Äste malen. Ist alles getrocknet, kann freigerubbelt werden.t. Je nach persönlichem Geschmack mit einem Linierer einige weitere Zweige in die vorderen Bäume setzen.

Für die Sonnenstrahlen von der Sonne zum Bildrand hin hier und da mit einem Acrylflachpinsel als Korrekturpinsel und Wasser die Bildfläche in Streifen anfeuchten. Die Sonnenstrahlen sollten nach vorn perspektivisch breiter werden. Anschließend mit einem Papiertaschentuch die in den feuchten Streifen angelöste Farbe von innen nach außen auswischen.

Tannen im Nebel

(Nebel mit Titanweiß)

Material

- Aquarellpapier rau, 30 × 40 cm,
- z. B. Clairefontaine
- Aquarellfarben,
- z. B. Winsor & Newton:
- Französisch Ultramarin
- Kadmiumhellgelb
- Permanent Rosa
- Titanweiß
- Pinsel: Flachpinsel, Rundpinsel,
- Linierer

Tipp: Tannen überzeugend zu malen, ist manchmal gar nicht so einfach. Ein kleiner Rundpinsel oder ein Linierer eignen sich gut für die Ausarbeitung. Ein paar Probeexemplare auf einem Übungspapier helfen, den richtigen Pinsel zu finden.

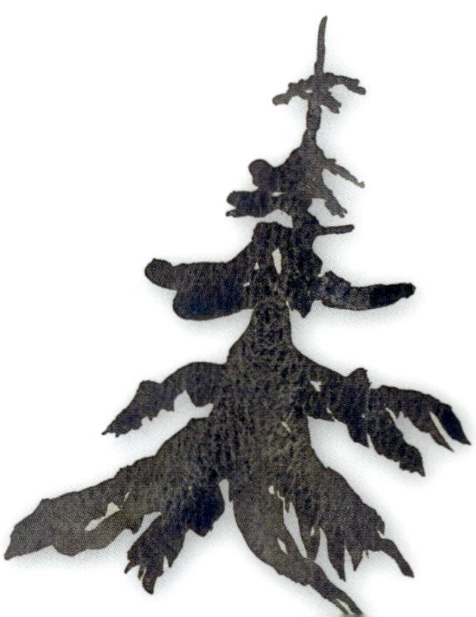

Nebel erzeugt immer eine ganz besondere, mystische Stimmung. Hier sieht man eine in Nebel gehüllte Sonnenuntergangsstimmung. Durch den Nebel werden drei Ebenen erzeugt: der Himmel, die hellen Tannenbäume in der Mitte und die dunklen Tannen im Vordergrund. Das bringt viel Raumtiefe.

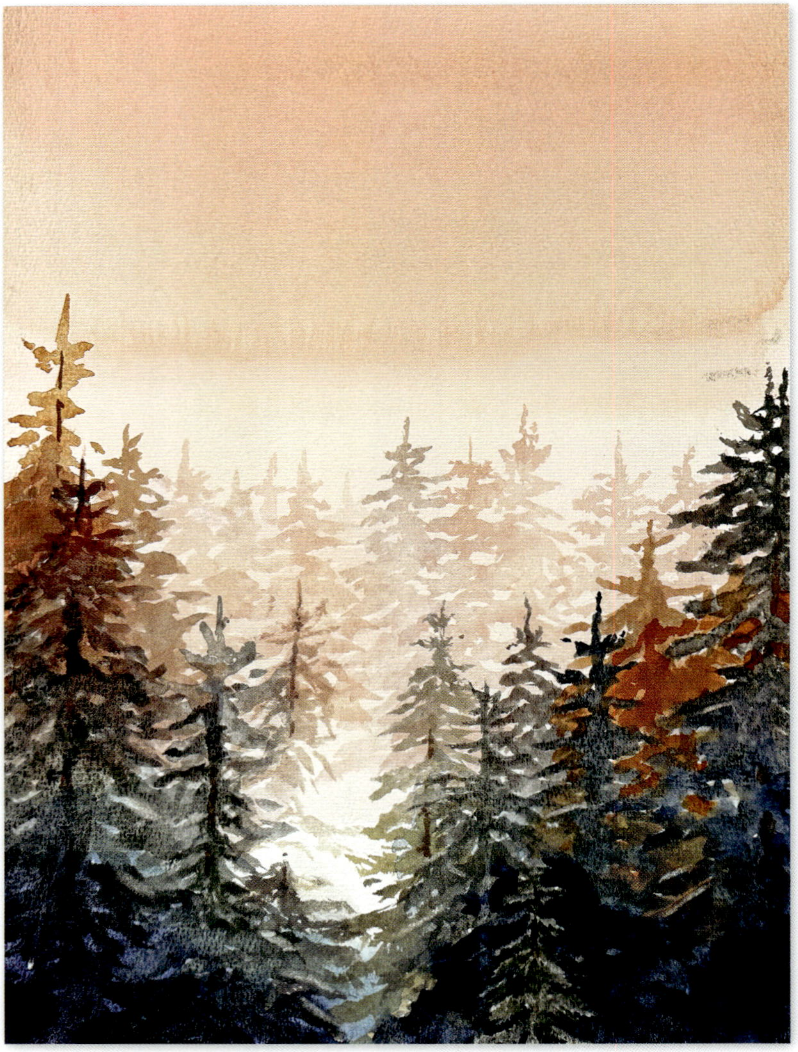

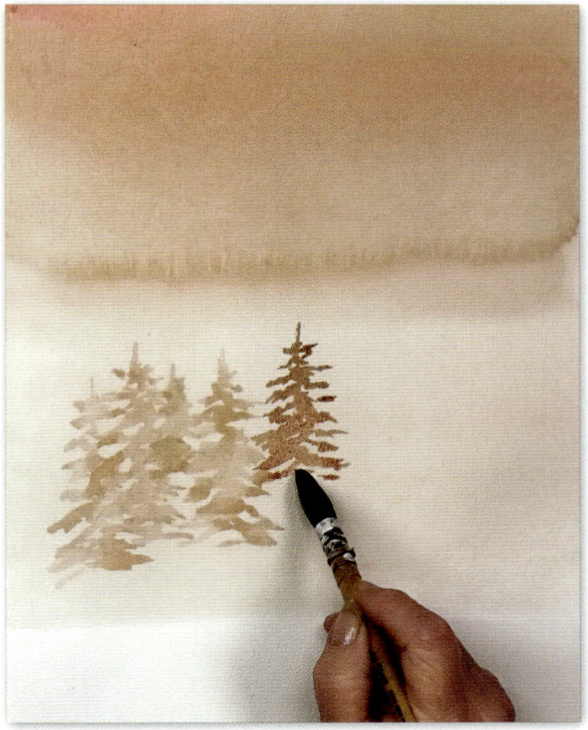

1. Schritt

Für den Himmel im Hintergrund Kadmiumhellgelb und Permanent Rosa mischen und als Lavur anlegen. Der erste Farbauftrag am oberen Bildrand erfolgt mit viel Pigment im Pinsel, die Aufträge weiter nach unten werden immer mehr mit Wasser verdünnt, bis die Farbe den Papierton erreicht hat. Trocknen lassen.

2. Schritt

Nach dem Trocknen die Himmelsfarbe verwenden, um die Tannen aufzumalen. Zu intensiv geratene Tannen werden durch Abtupfen mit einem Papiertaschentuch zarter.

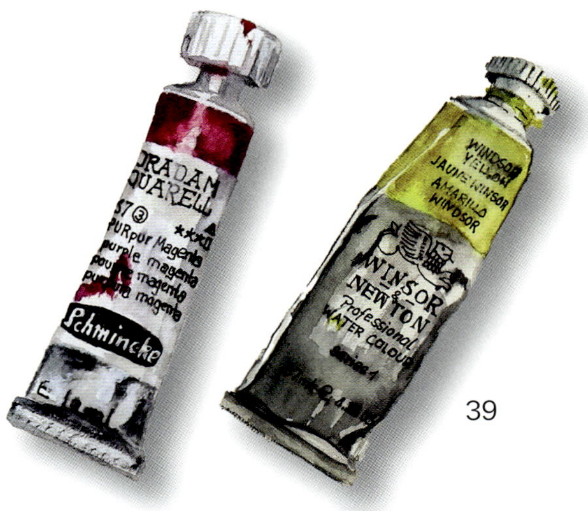

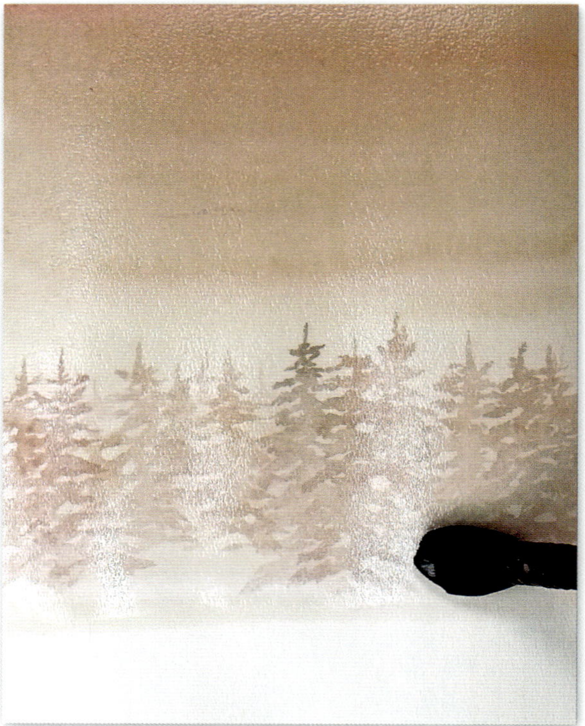

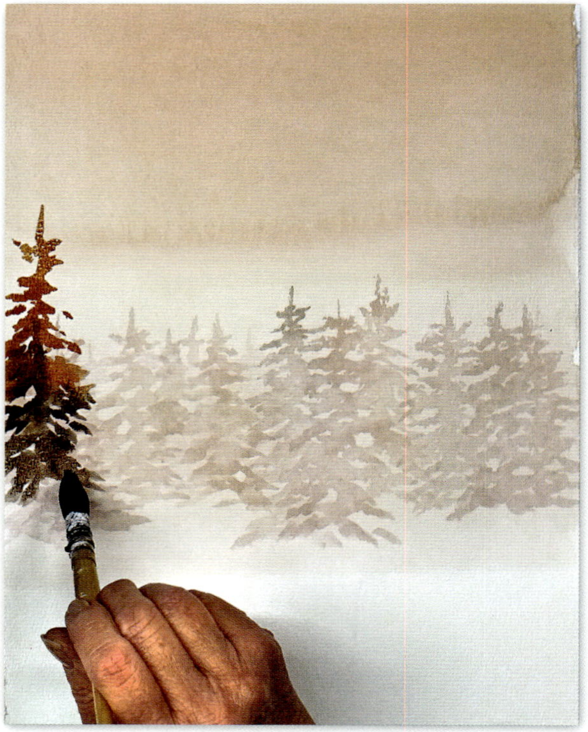

3. Schritt

Nach dem Trocknen werden die Tannen mit Titanweiß in Nebelschwaden getaucht. Dafür den Pinsel über die Tannen von unten nach oben ziehen. So steht der meiste Nebel über den Tannen und schiebt diese weiter in den Hintergrund.

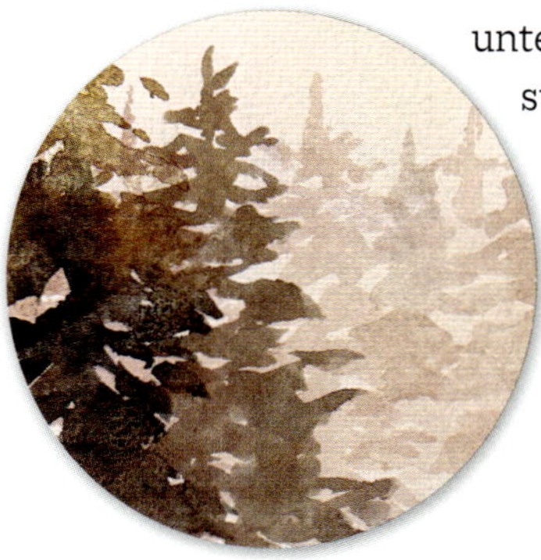

4. Schritt

Ist alles getrocknet, können weitere und dunklere Tannen auf das Papier gemalt werden. Auf verschiedene Höhen setzen und mit unterschiedlichen Farbmischungen gestalten, dadurch wird das Motiv spannender.. Durch Mischen der wenigen Farbtöne können feinste Abstufungen in verschiedenen Tonwerten erzeugt werden.

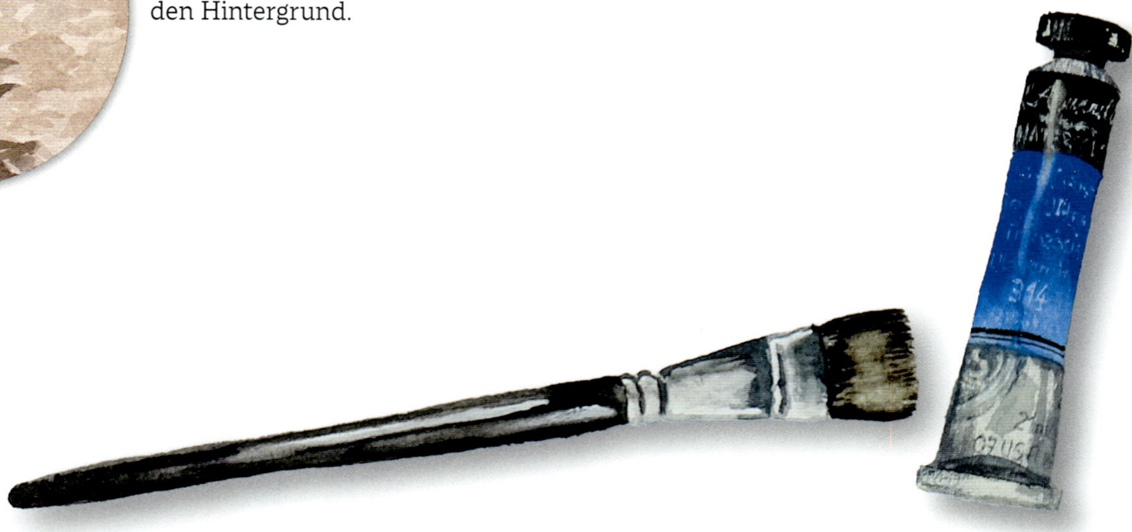

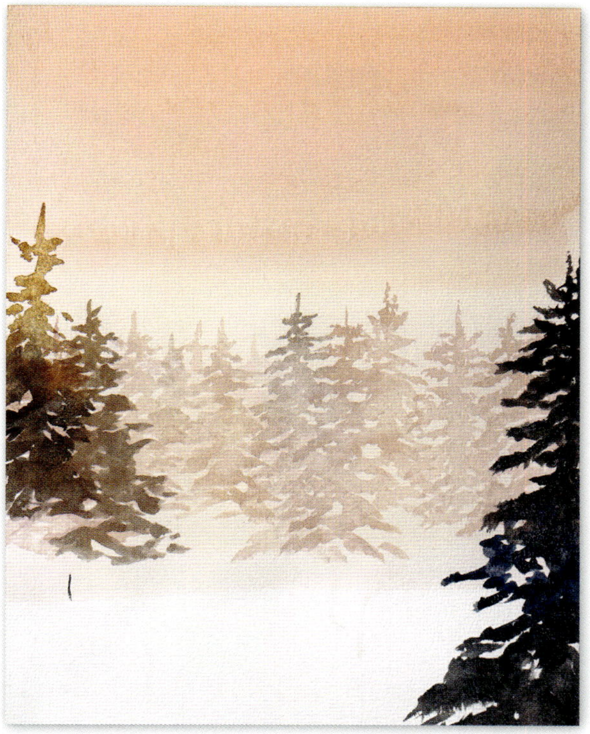

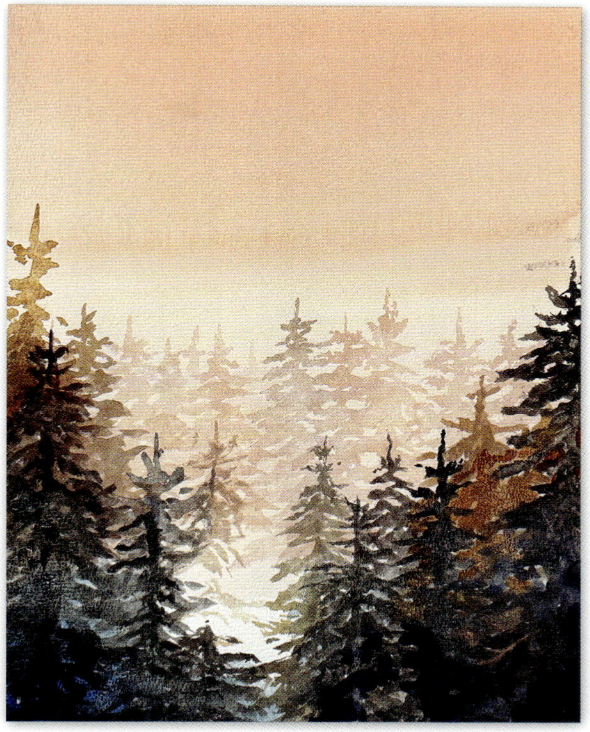

5. Schritt

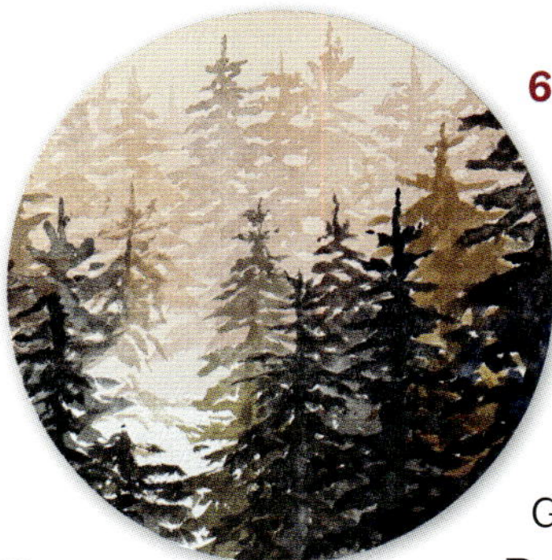

Am vorderen rechten Bildrand eine große dunkle Tanne platzieren. Sie ist sehr hoch und wirkt als Entré für das Motiv. Jetzt kann der Raum zwischen rechtem und linkem Bildrand individuell mit weiteren kleinen Tannen gefüllt werden.
Mehr Spannung entsteht, wenn das Bild im Goldenen Schnitt sehr hell bleibt.

6. Schritt

Ist der Tannenwald fertig und trocken, werden durch Lasuren die verschiedenen Flächen und Ebenen verbunden. Im unteren Bereich wird für Kühle und Dunkelheit Französisch Ultramarin verwenden. Die Zwischenräume darüber werden mit einem Gemisch aus Kadmiumhellgelb und Permanent Rosa lasiert. Mit Papiertaschentüchern können die Übergänge weich verwischt und getupft werden.

Wiesenblüten

(Reservierungstechnik mit Maskierflüssigkeit)

Material

- Aquarellpapier fein, 36 × 48 cm,
- z. B. Lana, Hahnemühle
- Aquarellfarben, z. B. Schmincke:
- Magenta
- Französisch Ultramarin
- Kadmiumgelb hell
- Indigo
- Vandyckbraun
- Chinacridongoldton
- Coelinblau
- Maskierflüssigkeit
- Pinsel: Flachpinsel,
- Katzenzungenpinsel, Linierer
- Plastikfolie, Gummiband und
- Wattepads
- Zahnbürste und Malspachtel

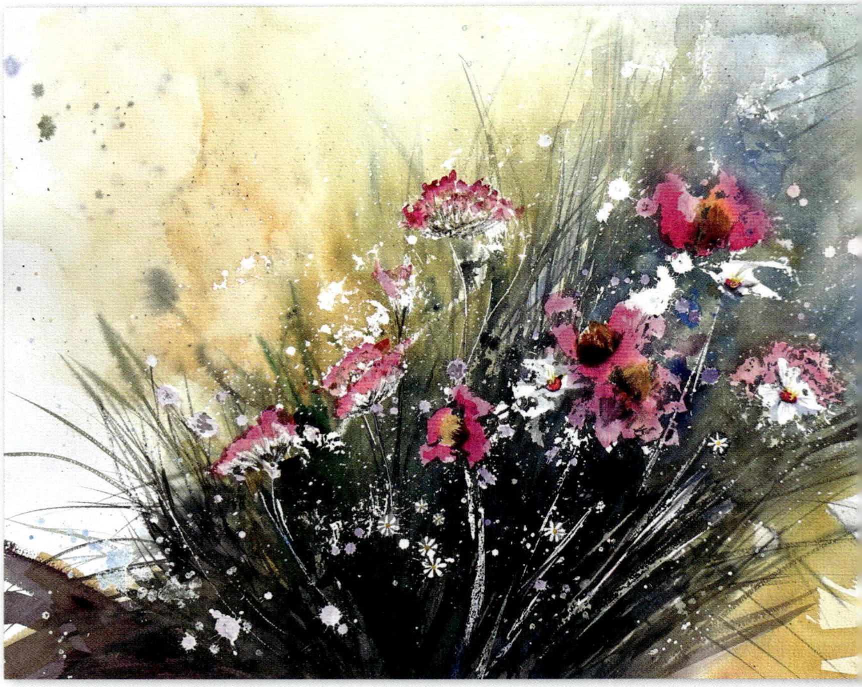

Bei diesem Motiv habe ich die zarten Blüten mit Maskierflüssigkeit abgedeckt. So gelingt es leicht, kleinste Formen auszusparen und Licht in das Bild zu bringen. Durch die unregelmäßige Höhe von Blüten und Gräsern wird der dynamische Ausdruck des Motivs erhöht.

Es ist immer etwas schwierig, kleine Blüten frei stehenzulassen, wenn man einen schönen aquarelligen Hintergrund haben möchte. Mit dieser Reservierungstechnik kann man schöne Aquarelleffekte zaubern, ohne sich über die Blüten Gedanken machen zu müssen, da sie durch den Maskierfilm vor der Farbe geschützt sind. Auch wird das Motiv nicht zu steif, sondern durch den zufälligen Tupf-Auftrag mit Folie malerisch-locker.

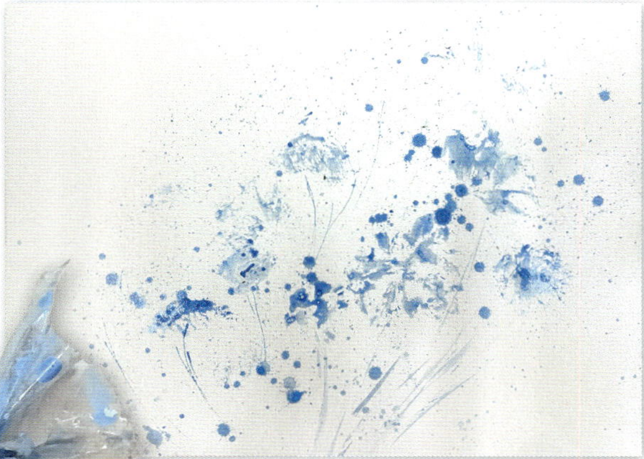

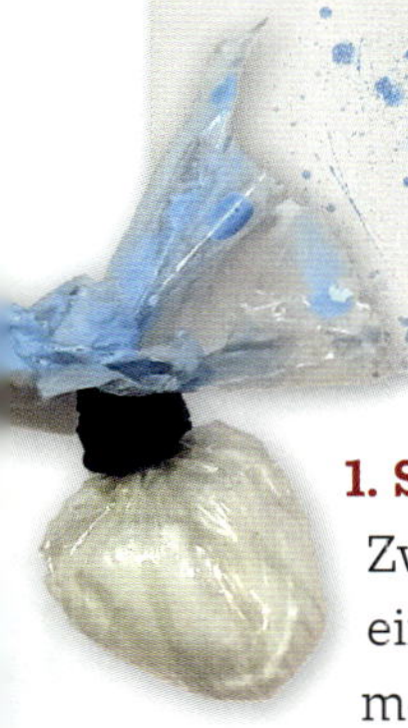

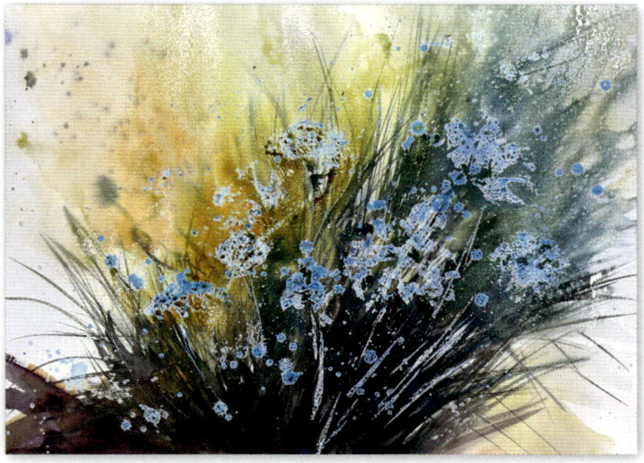

1. Schritt

Zwei bis drei Wattepads in Plastikfolie einpacken und zu einem Knäuel zusammendrücken. Mit einem Gummiband fixieren. Mit einer Schere den überstehenden Rest der Folie zu einer Blütenform schneiden.

Maskierflüssigkeit in eine kleine Schale geben und mit ein bis drei Tropfen Wasser verdünnen. Dann die »Folienblüte« in die Maskierflüssigkeit tauchen und feine Blüten auf das leere Aquarellpapier tupfen. Zuerst große Blüten tupfen. Dann die Folie mit der Schere kleiner nachschneiden und damit kleinere Blüten tupfen. Um das Motiv noch weiter zu füllen, mit einer Zahnbürste und einem Spachtel Maskierflüssigkeit aufspritzen. Trocknen lassen oder föhnen.

Tipp: Die Maskierflüssigkeit in der Zahnbürste am Spachtel abziehen; damit erzielt man perfekte Spritzer.

2. Schritt

Den Farbton für die Gräser aus Französisch Ultramarin und Kadmiumgelb hell mischen und mit einem Linierer die Gräser ziehen und verdichten. Für einen dunkleren Ton noch Magenta und Indigo beimischen.

Locker arbeiten. Die Gräser mit dem Pinsel immer von unten nach oben malen, am besten im Stehen, und den Pinsel weit hinten am Schaft festhalten. Dadurch werden die Formen schwungvoller.

Den Hintergrund mit Lasuren aus Chinacridongoldton auf der linken Seite und Coelinblau mit etwas »Palettendreck« auf der rechten Seite gestalten. So ergibt sich eine Sonnen- und eine Schattenseite.

Ein paar Farbspritzer mit der Farbe der Gräser lockern den Hintergrund malerisch auf.

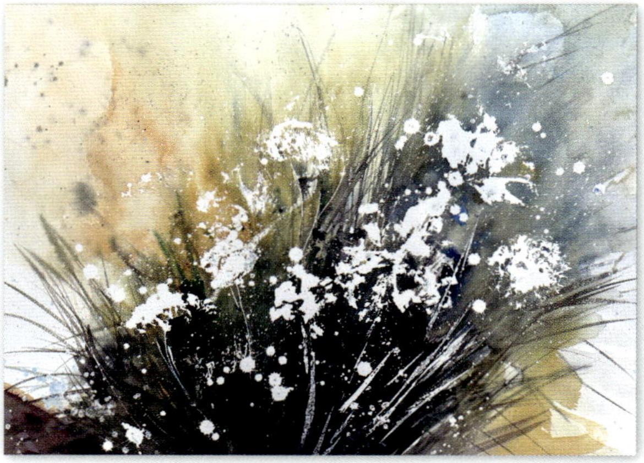

3. Schritt

Wenn alles trocken ist, den Maskierfilm mit einem festen Radiergummi entfernen. Manchmal übersieht man ein paar Stellen. Das ist nicht schlecht, denn dadurch bleiben kleine Flächen frei, die die Komposition ergänzen. Den restlichen Maskierfilm kann man später noch genauer entfernen. Also keine Panik!

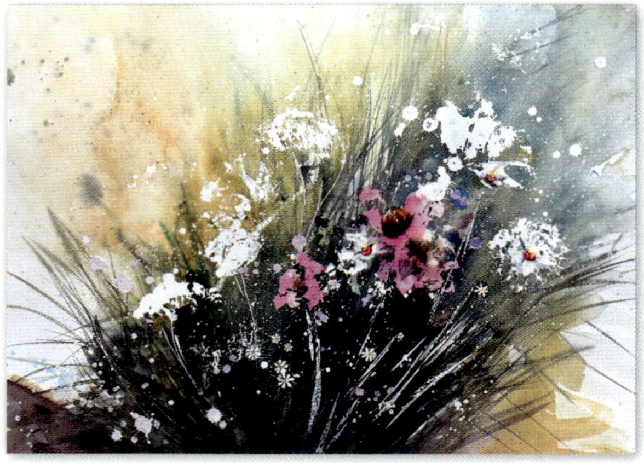

4. Schritt

Jetzt werden zuerst die großen Blüten ausgearbeitet. Dazu mit Magenta die Blütenblätter füllen und mit Braun die Blütenmitte malen. Die Ausarbeitung sollte ganz locker und zufällig erfolgen, dann wirken diese Blüten wie ein gewöhnlicher Sonnenhut aus dem Garten.

Dabei können auch Blüten entstehen, die eher seitlich wirken. Hier lässt man die Blütenmitte weg und malt nur die Blütenblätter. Das betrifft meist Blüten im oberen Bereich.

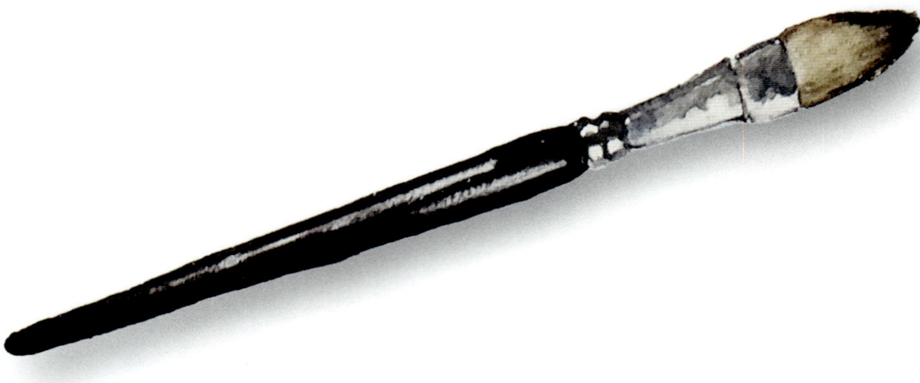

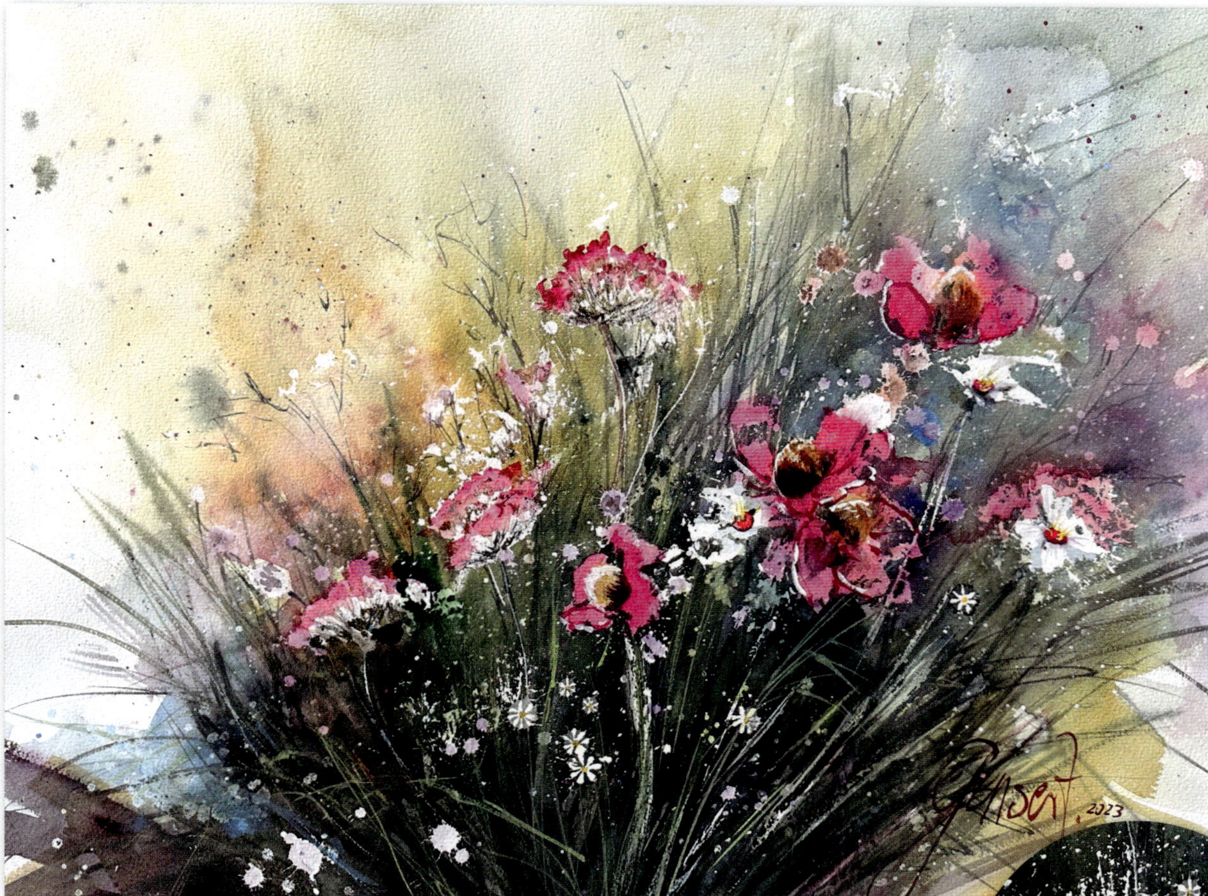

5. Schritt

Kleinere weiße Flächen eignen sich für Kamillenblüten. Diese bekommen nur einen gelben Akzent als Blütenmitte und einen Schatten dazu. Das lässt die zarten Blüten sehr dreidimensional wirken.

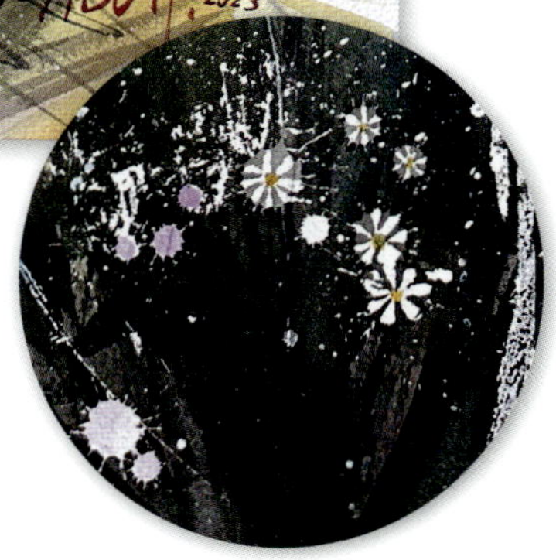

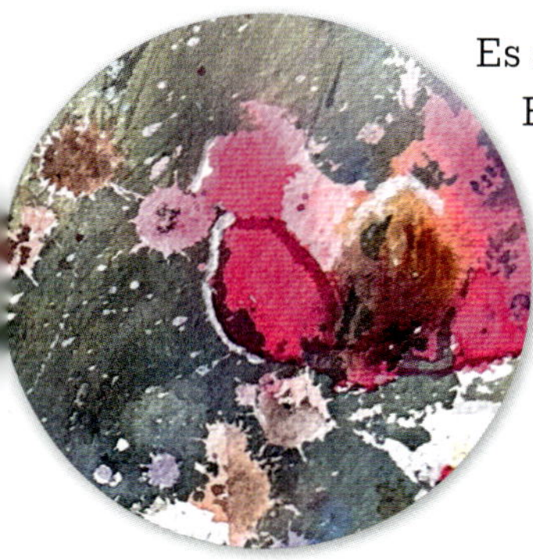

Es sollen keine realistischen Blüten werden, eine Andeutung der Form genügt für das Auge des Betrachters. Die mit Maskierflüssigkeit getupften Flächen sind auch nur Andeutungen. Die kleineren Flecke können zu Blüten werden, indem man mit Hintergrundfarbe negative Formen erzeugt.

Kirschblüten

(Nass-in-nass-Technik, Negativmalerei)

Material

Aquarellpapier matt, 46 × 61 cm,
z. B. Lana, Hahnemühle

Wasserfeste Malplatte
aus Kunststoff

Aquarellfarben,
z. B. Winsor & Newton:
Französisch Ultramarin
Kadmiumhellgelb
Permanent Alizarinkarmesin
Opernrosa
Marsschwarz

Weiße Kerze oder Teelicht

Pinsel: Flachpinsel,
Rundpinsel, Linierer

Tipp: Schaut man flach über das Papier, kann man den Feuchtigkeitsgrad leicht erkennen: Glänzt die Oberfläche, ist das Papier noch zu nass. Ist sie schon stumpf, ist das Papier nur noch im Kern feucht. Jetzt können Formen gemalt werden, die nur leicht und langsam verfließen. So gelingen schöne aquarellige Effekte.

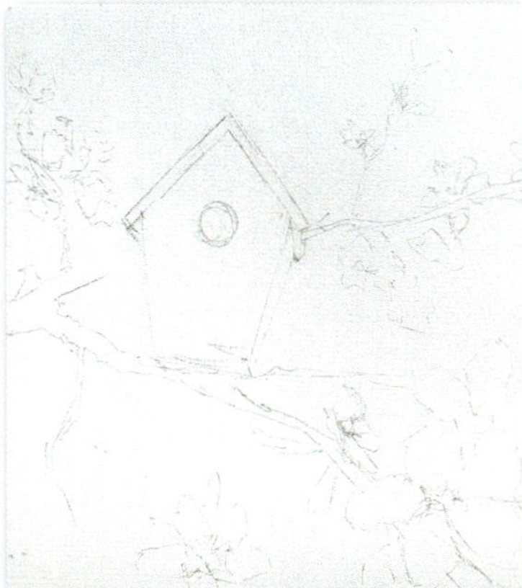

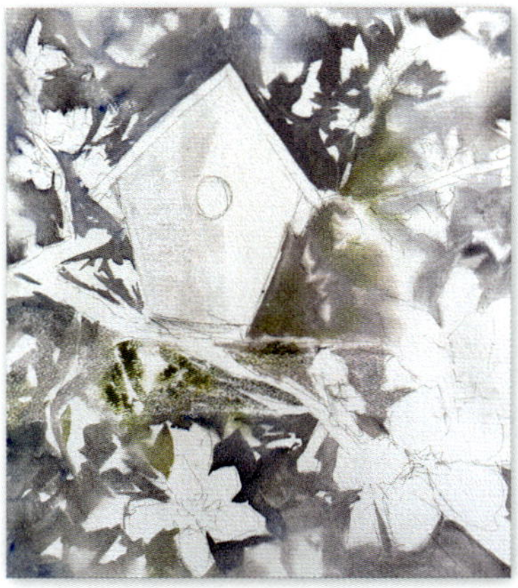

1. Schritt

Als Erstes mit einem Bleistift eine Skizze des Vogelhauses und der großen Blüten locker auf das Papier bringen. Mit einer weißen Kerze oder einem halben Teelicht Akzente setzen. Dazu im Bereich des Vogelhauses Wachs aufreiben, ebenso z. B. eine breite Fläche als Verbindungselement quer über das Motiv ziehen.

2. Schritt

Das Aquarellpapier von beiden Seiten anfeuchten, bis es plan auf der wasserfesten Malplatte liegt. Als Malplatte kann man auch eine Schreibtischunterlage oder Ähnliches aus Kunststoff verwenden. Dann die Oberfläche mit Küchenpapier flächig abtrocknen. Mit verschiedenen Mischungen der Grundfarben spontan einen lebendigen Hintergrund anlegen. Dabei ganz zufällig weitere kleine weiße Flächen als Blüten im Hintergrund stehen gelassen.

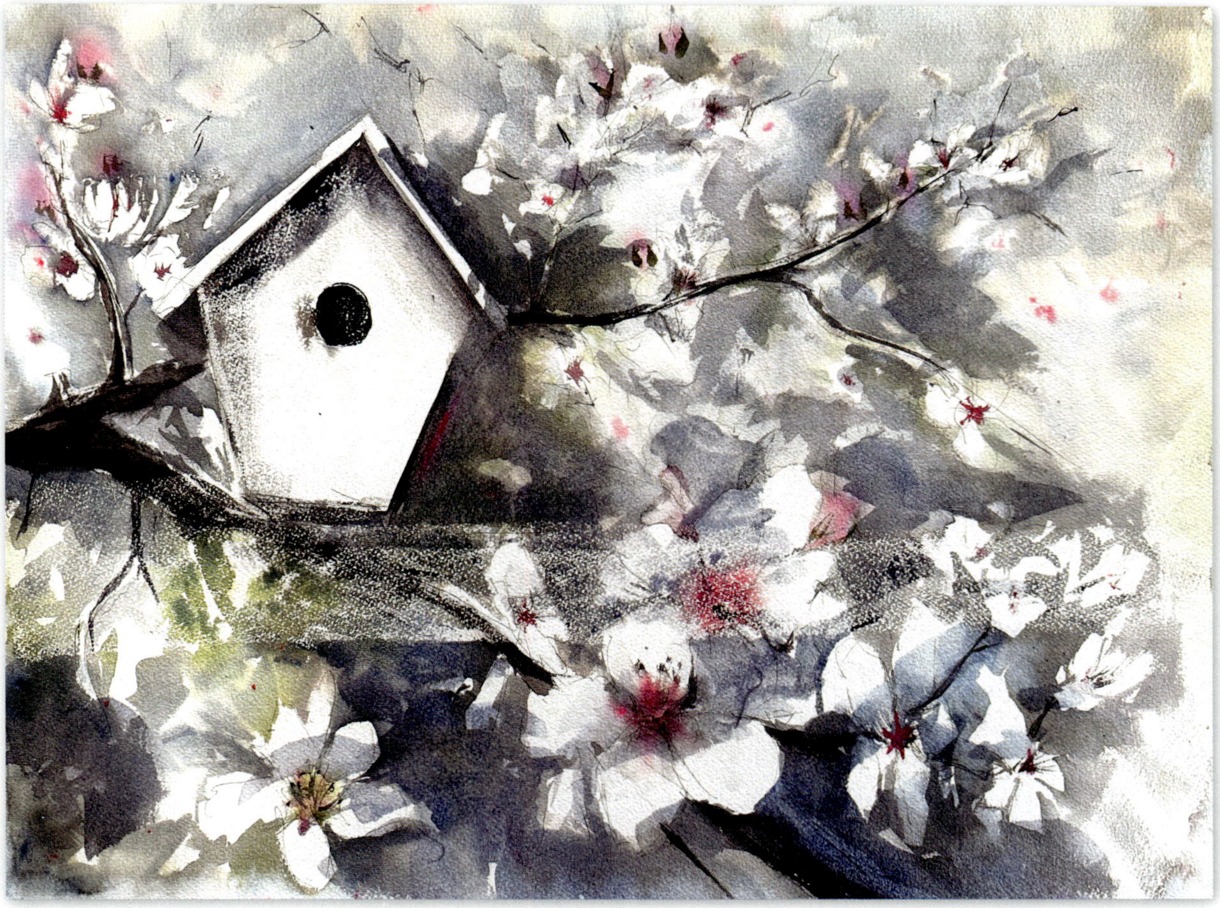

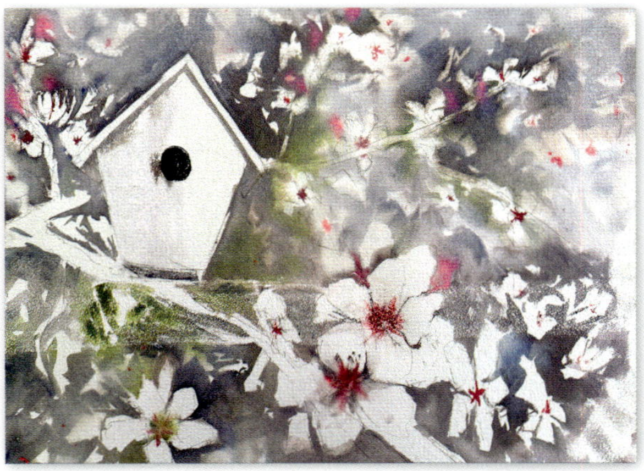

3. Schritt

Mit Opernrosa die Blütenmitten andeuten und mit Alizarinkarmesin kleine Punkte hineinsetzen. Die Farben verlaufen langsam in das Papier, da es noch sehr feucht ist. Das macht das Motiv sehr malerisch. Das Loch des Vogelhauses mit einem dunklen Schwarzton füllen. Mit der Restfarbe aus dem Pinsel Schattenflächen unter das Dach setzen. Trocknen lassen oder etwas föhnen. Die Zweige können nun mit einem aus Kadmiumgelb, Französisch Ultramarin und Alizarinkarmesin gemischten Braunton gemalt werden. Kleinere, mit dünnen Strichen zu den feineren Blüten hin gezogene Zweige schließen das Motiv ab.

Weiße Lilien

(Negativmalerei/Aussparen von größeren Flächen)

Material

- Aquarellpapier fein, 36 × 51 cm, z. B. Clairefontaine
- Aquarellfarben, z. B. Mijello Mission Gold: Ultramarinblau, Permanent Alizarinkarmin, Zitronengelb, Violet Lake
- Pinsel: Flachpinsel, Linierer, Rundpinsel

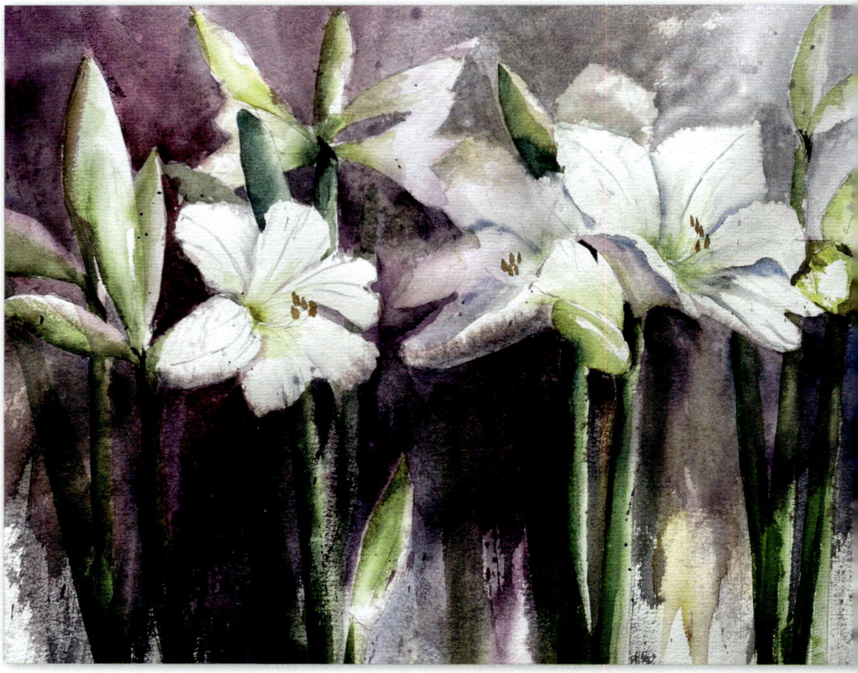

Die großen weißen Blüten in diesem Motiv entstehen als negative Formen, die durch feine, dünne Farbaufträge abgegrenzt werden. Hierbei lernt man, das Papierweiß als »Farbe« zu nutzen. Das ist eine der tollen Eigenschaft des Watercolor!

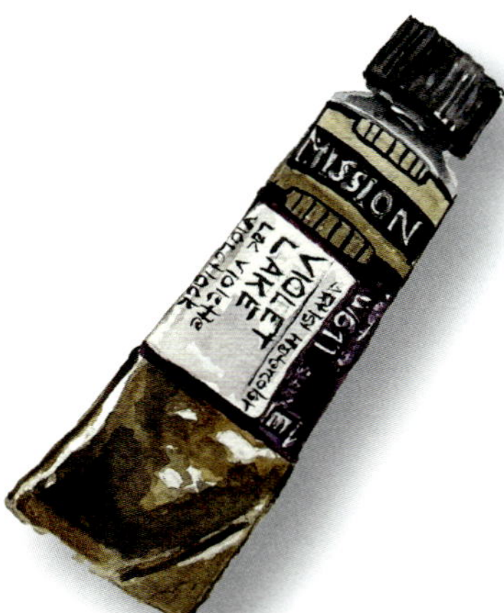

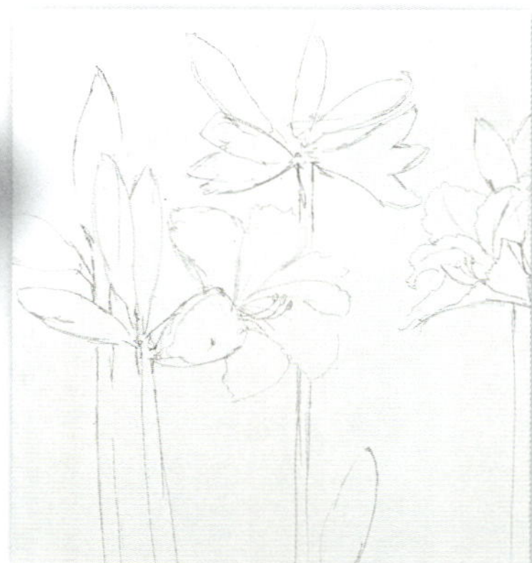

1. Schritt

Zunächst die einzelnen Blüten mit einem Bleistift in das obere Drittel des Papiers vorskizzieren. Auch Stiele und Knospen andeuten.

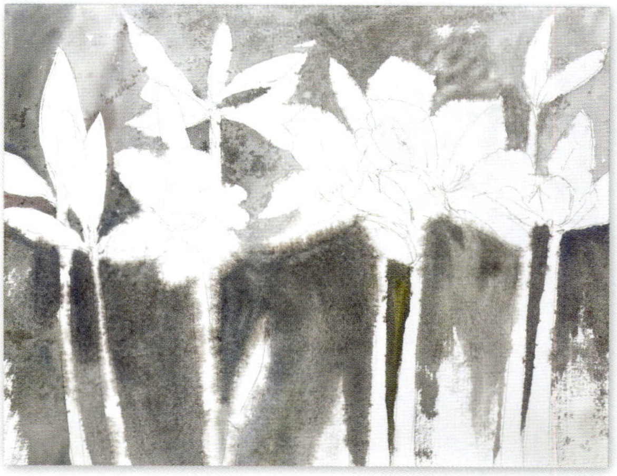

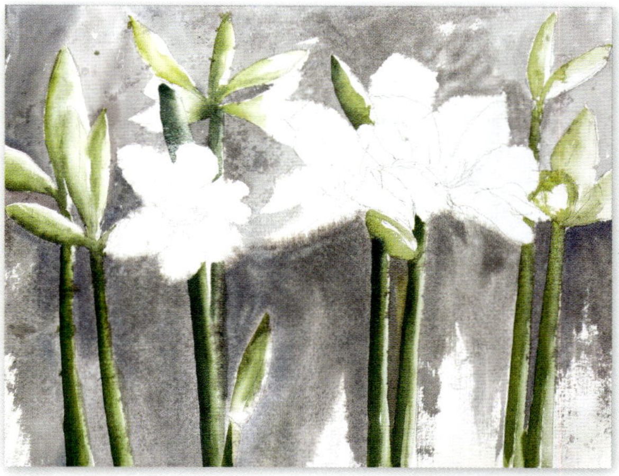

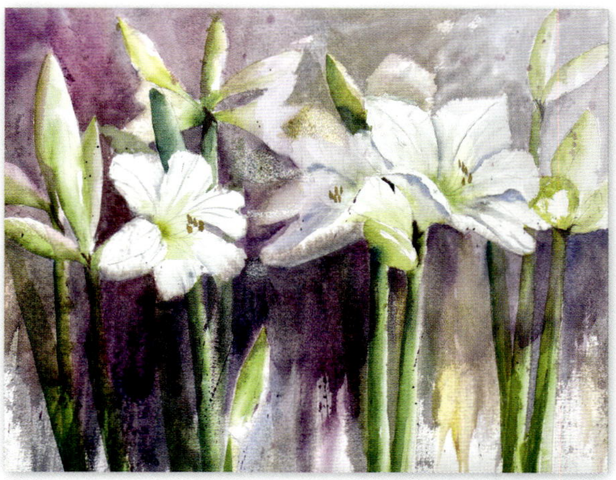

2. Schritt

Aus den Grundfarben Gelb, Blau und Rot, hier Zitronengelb, Ultramarinblau und Permanent Alizarinkarmin, einen warmen Grauton mischen. Die Hintergrundfläche mit einem Flachpinsel und Wasser anfeuchten und das Grau in die Fläche fließen lassen. Ein paar zufällig entstehende offene Flächen im Hintergrund und am unteren Rand verbinden die Blüten kompositorisch mit dem Hintergrund.

3. Schritt

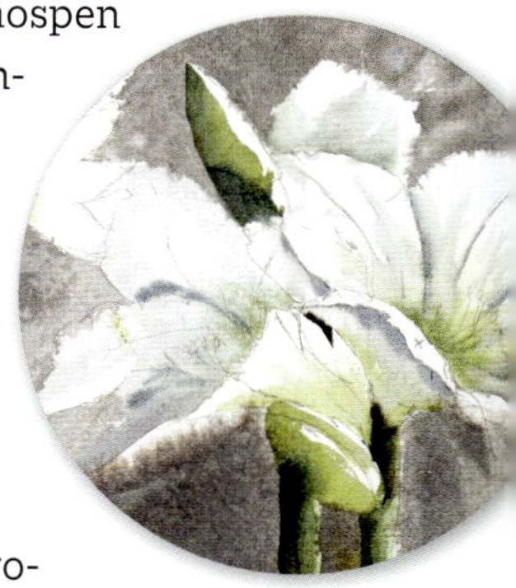

Als Nächstes werden Stiele und Knospen mit Wasser bemalt. Aus Ultramarinblau und Zitronengelb mehrere Grüntöne mischen und in die feuchten Flächen aquarellieren. Anschließend mit einem abgetöntem Blauton Schatten unter die Blütenblätter setzen, um diese voneinander abzuheben. Das Zentrum der Blüten mit einem aus Zitronengelb und Ultramarinblau gemischten Grünton füllen.

4. Schritt

Mit Violet Lake oder auch einer anderen Farbe den Hintergrund farbig akzentuieren. Dabei von links nach rechts arbeiten. So bekommt der Hintergrund einen schönen Farbverlauf. Eventuell sind mehrere Aufträge nötig, um die gewünschte Farbtiefe zu erreichen. Je dunkler der Hintergrund, desto heller leuchten die Blüten. Mit einem Linierer die Staubgefäße einzeichnen und mit einem aus Zitronengelb und Permanent Alizarinkarmesin gemischten Orange als Spitze vollenden.

Blumenstrauß

(spontane Abstraktion)

Material

- Aquarellpapier satiniert, 30,5 × 45,5 cm, z. B. Fabriano »Artistico«
- Aquarellfarben, z. B. Schmincke: Kadmiumgelb hell
- Französisch Ultramarin
- Alizarin-Karmesin
- Titanweiß
- Purpur Magenta
- Kadmiumrot hell
- Coelinblauton
- Pinsel: Rundpinsel, Linierer, Flachpinsel

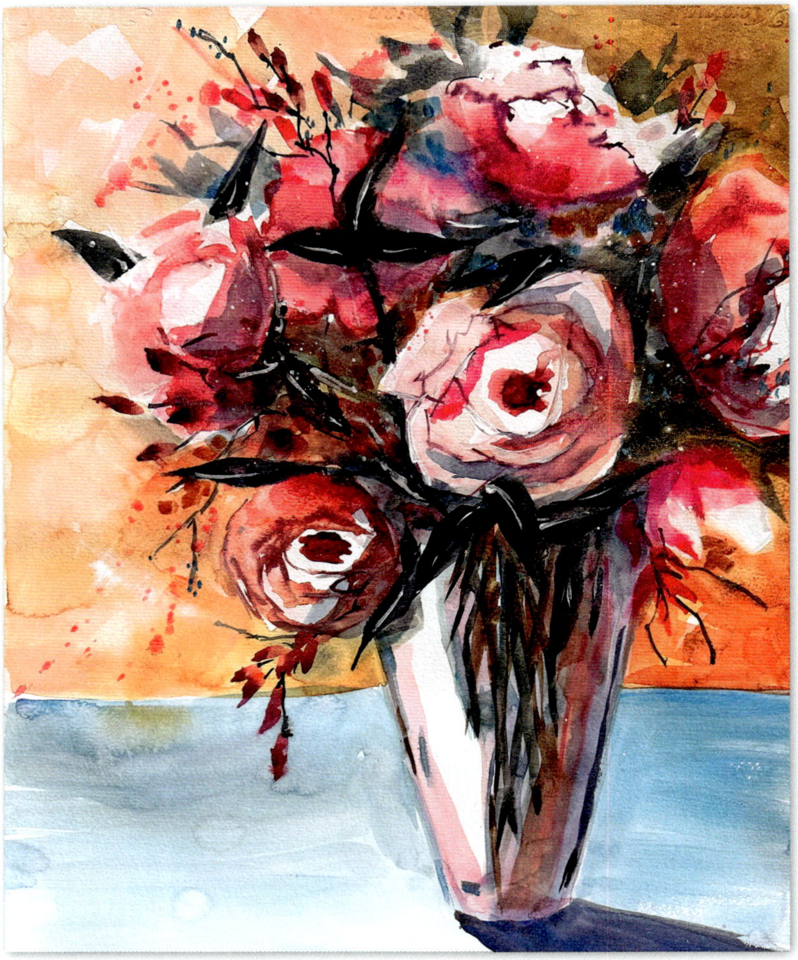

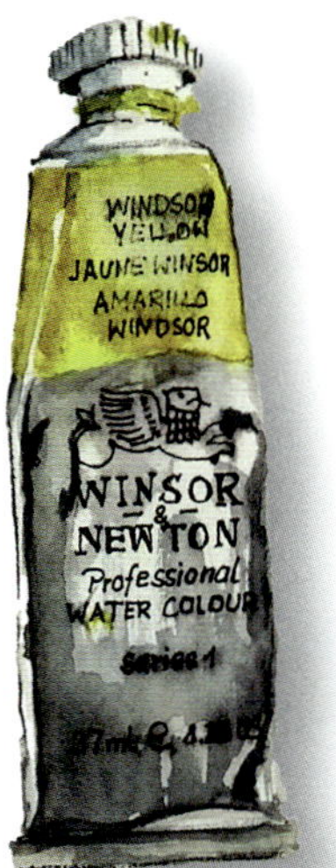

Bei diesem Motiv habe ich die Blüten des Straußes ganz leicht und locker gemalt, ohne genaue Definition der Formen. Das ist ideal, wenn man keine spezifischen Blumen malen möchte. Durch das lässige Arrangement wird das Bild sehr lebendig und modern. Die Farben bewegen sich harmonisch von benachbarten Farben eines Farbbereichs, nämlich Orange, Rot, Pink, hin zur Komplementärfarbe Blau. Wenn man mit einem großen Flachpinsel arbeitet, gelingt eine lockere Umsetzung.

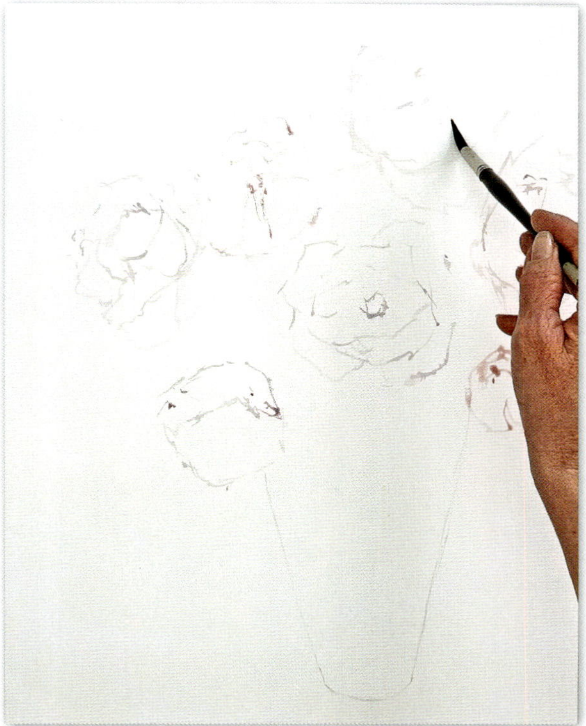

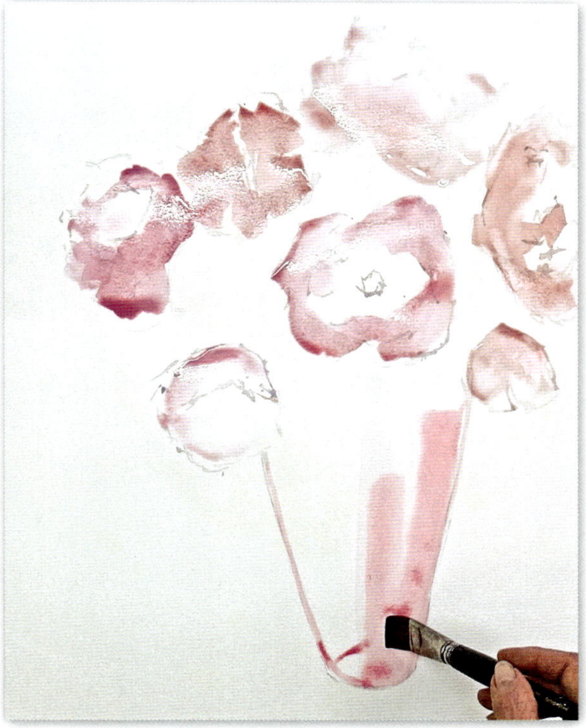

1. Schritt
Mit einem verdünnten Grauton aus Französisch Ultramarin, Kadmiumgelb hell und Alizarin-Karmesin die Blüten mit dem feinen Pinsel grob auf das Aquarellpapier zeichnen. Im Anschluss die Vase kurz andeuten.

Am besten malt man das Motiv im Stehen. Damit kann man den Pinsel entspannt weiter hinten fassen und auch lockerer malen.

Tipp: Korrekturen lassen sich leicht ausführen, solange die Farbe feucht ist. Dazu die Farbe einfach mit Papiertaschentüchern abtupfen. Beim weiteren Malen fallen die korrigierten Linien dann nicht mehr auf.

2. Schritt
Nun mit dem Flachpinsel die Flächen der Blüten lasierend füllen. Dafür Purpur Magenta mit Titanweiß aufhellen und so pastelliger machen.

Jetzt kann der Lichteinfall bestimmt werden. Hier fällt das Licht von links auf den Blumenstrauß. Also werden eher auf der linken Seite helle Flächen als Lichtreflexe ausgespart. Rechts kann dagegen mit jedem Schritt intensiver gearbeitet werden.

Auch bei der Vase jetzt schon auf den Lichteinfall achten.

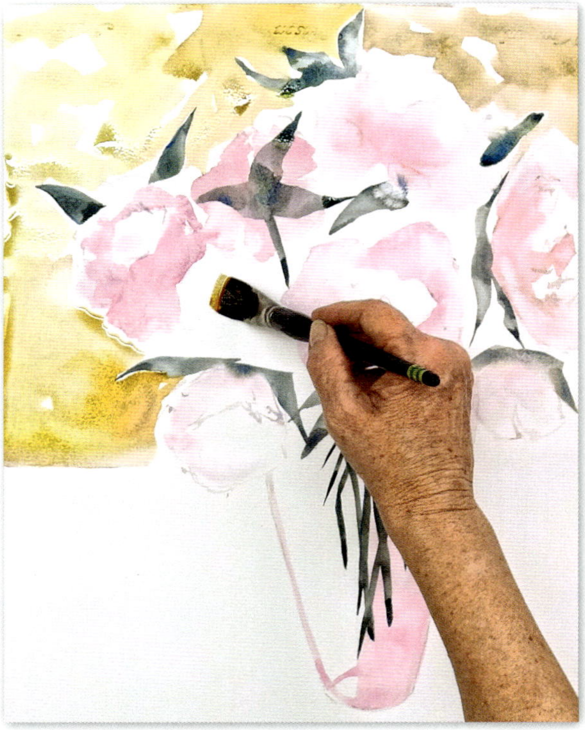

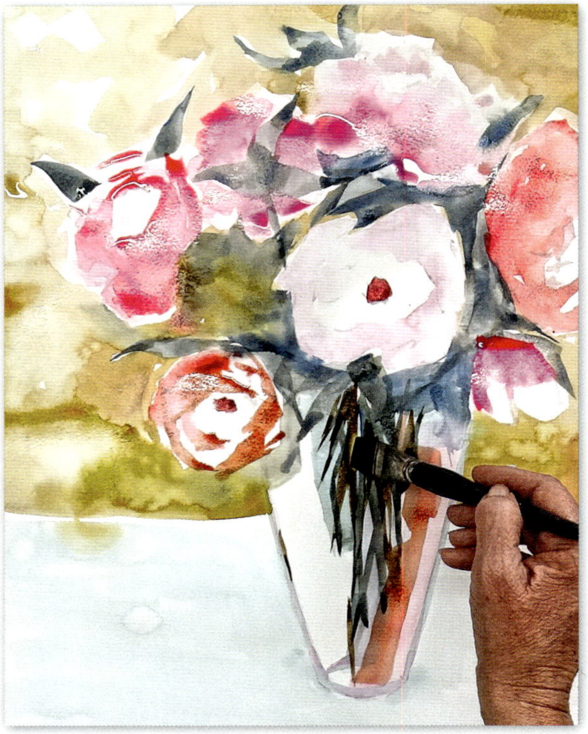

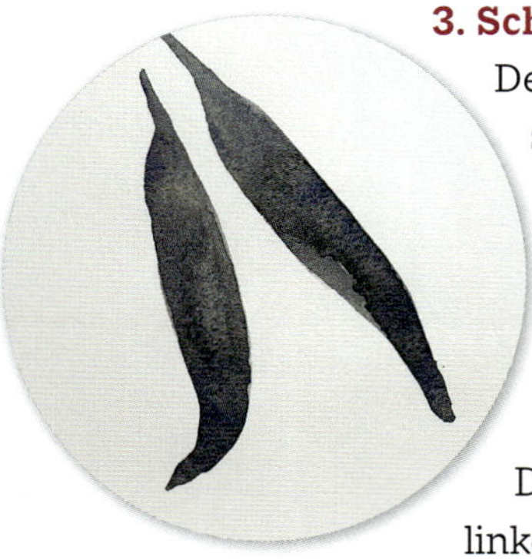

3. Schritt

Den Hintergrund und die Zwischenräume zwischen den Blüten mit Wasser anfeuchten. Dann die Flächen mit einer Mischung aus Kadmiumgelb hell und etwas Purpur Magenta anlegen. Dabei von den Blüten auf der linken Seite etwas Abstand von etwa einem halben Zentimeter lassen. So bleibt das Licht auf der linken Seite der Blüten erhalten. Anschließend die Flächen zwischen den Blüten füllen.

4. Schritt

Die Blätter werden durch einfaches Drehen des Flachpinsels mit einem Schwung gemalt. Eventuell noch einen zweiten Farbauftrag ergänzen, wenn der erste zu schwach ist. Vorwiegend auf der rechten Seite die Blütenstiele mit kurzen Schwüngen in die Vase zeichnen. So bleibt links Platz für Reflexionen.

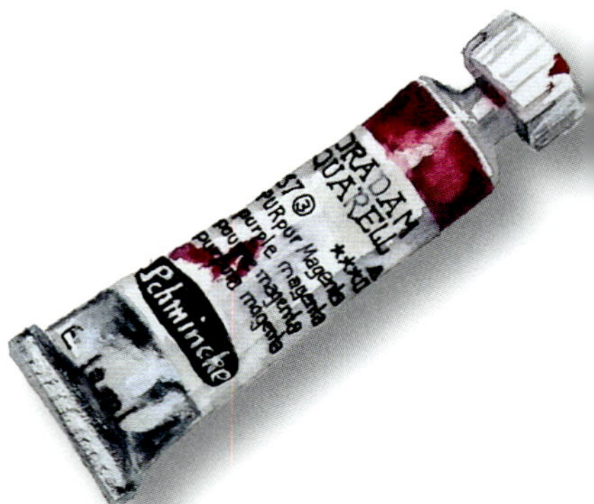

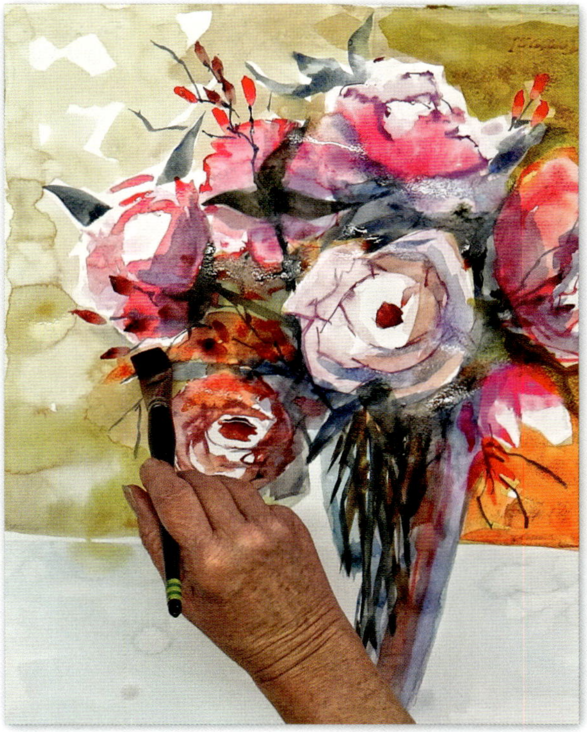

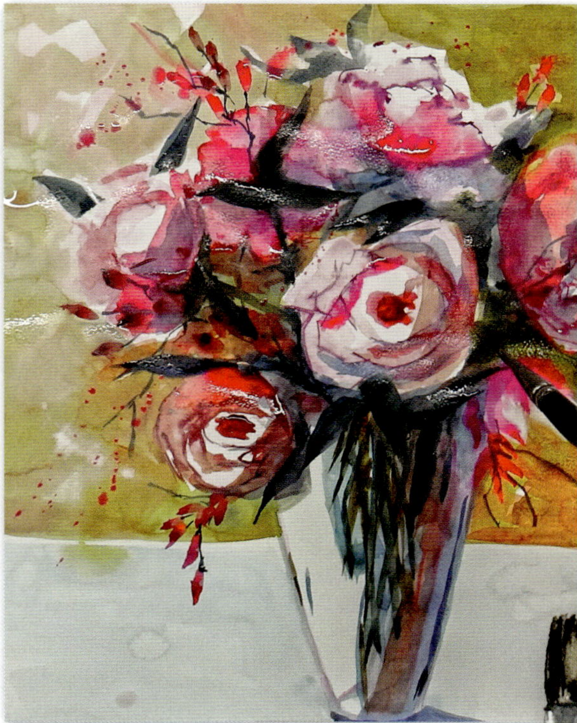

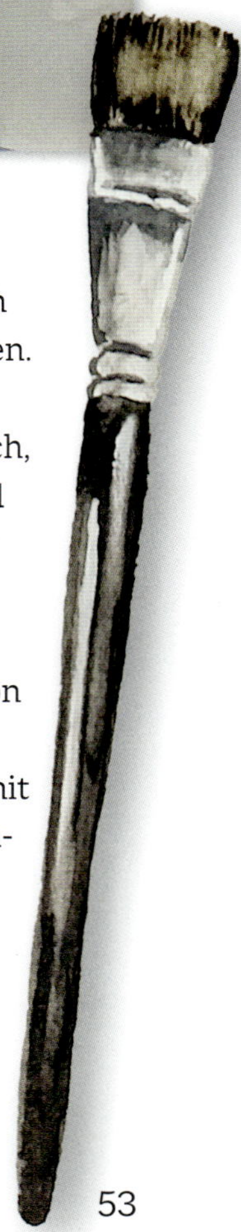

5. Schritt
Mit einem Rundpinsel ganz spielerisch Tupfen in Kadmiumrot hell in die Zwischenräume tupfen.

Mit einem Linierer und einem Braunton aus Französisch Ultramarin, Kadmiumgelb hell und Alizarin-Karmesin die Punkte zu zarten Zweigen verbinden. Mit der Restfarbe hier und da eine Fläche zwischen den Blüten lasieren. Dadurch verbinden sich diese malerisch mit den verschiedenen Elementen.

6. Schritt
Mit einer Schattenfarbe aus Französisch Ultramarin die Vase rechts dunkler malen. Auf der rechten Seite ebenfalls flächige Schatten über die Blüten legen. Trau dich, du wirst es nicht bereuen! Nur Mut wird belohnt. So bekommt das Gesamtmotiv mehr Licht und Sonne.

Für den Tisch einen hellen Coelinblauton mit Titanweiß abtönen und die Fläche damit anlegen. Den Schatten der Vase mit einem dunklen Blau-Violett aus Alizarin-Karmesin und Französisch Ultramarin malen. Das gibt der Vase im Bild einen stabilen Stand.

Aquarellfarbe

(Fotorealismus / gegenständliche Aquarellmalerei)

Material

- Aquarellpapier fein, 24 × 30 cm,
- z. B. Aquarellblock Expression,
- Hahnemühle
- Aquarellfarben, z. B. Daniel Smith:
- Quinacridone Rose
- French Ultramarine
- Van Dyck Brown
- Black
- Pinsel: Linierer oder Rundpinsel
- Evtl. Aquarellmarker in Schwarz

Als realistisches Motiv habe ich eine meiner Aquarell-Farbtuben abgemalt. Das hat richtig Spaß gemacht, und es ist immer besonders interessant, wenn man das gemalte Bild mit der Vorlage vergleichen kann, wie hier.

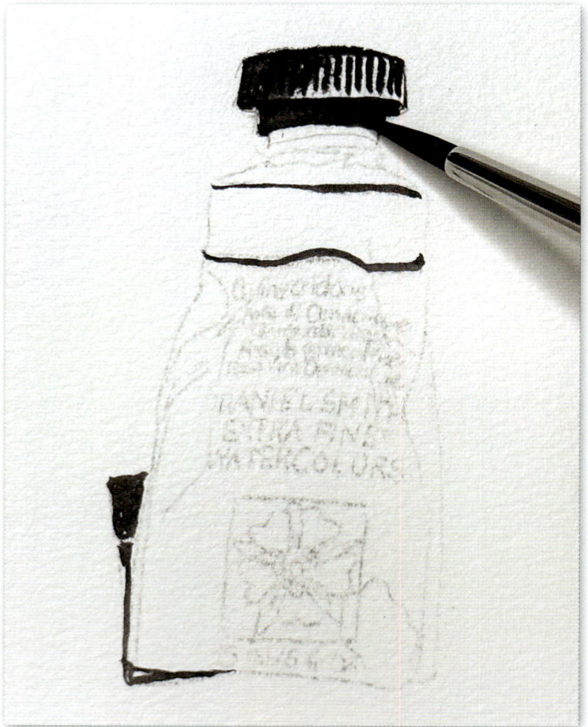

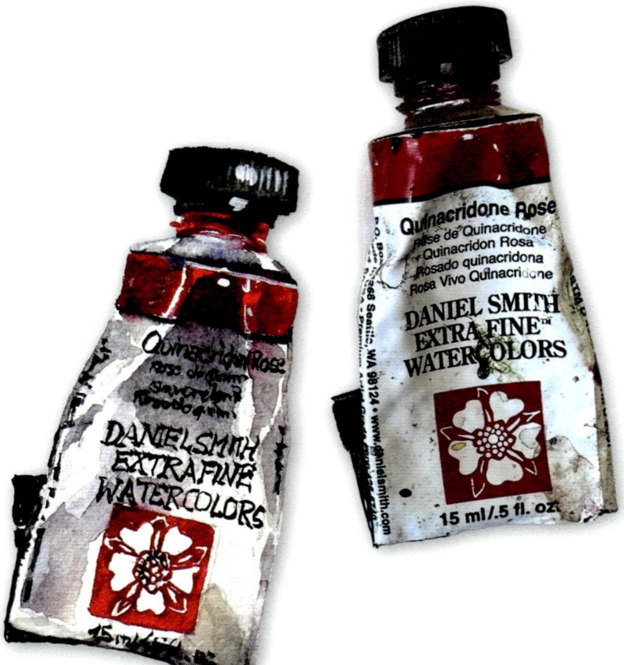

1. Schritt

Ein Foto von einer Tube machen, ausdrucken und auf der Rückseite mit einem Grafitstift schummern. Mit der Vorderseite nach oben auf einem Aquarellpapier fixieren und durchpausen. Mit der Farbe Schwarz und einem feinen Pinsel die dunklen Linien und Flächen ausarbeiten. Den Deckel strukturieren und nach dem Trocknen mit einer Lasur verfeinern.

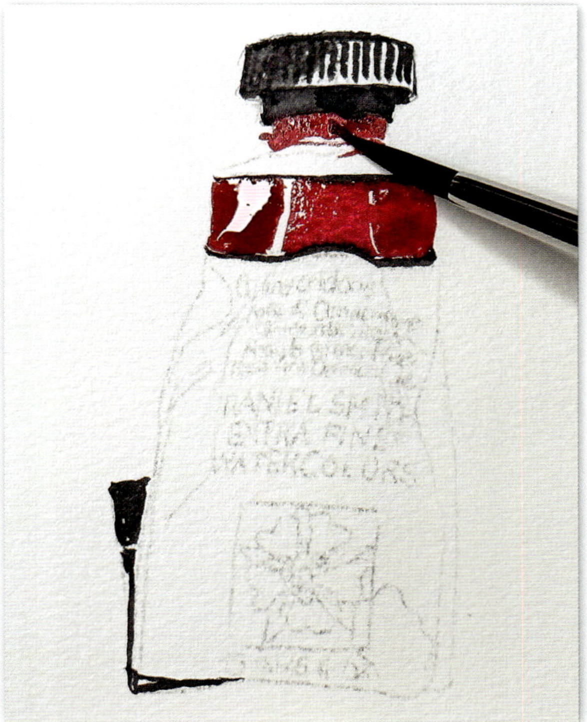

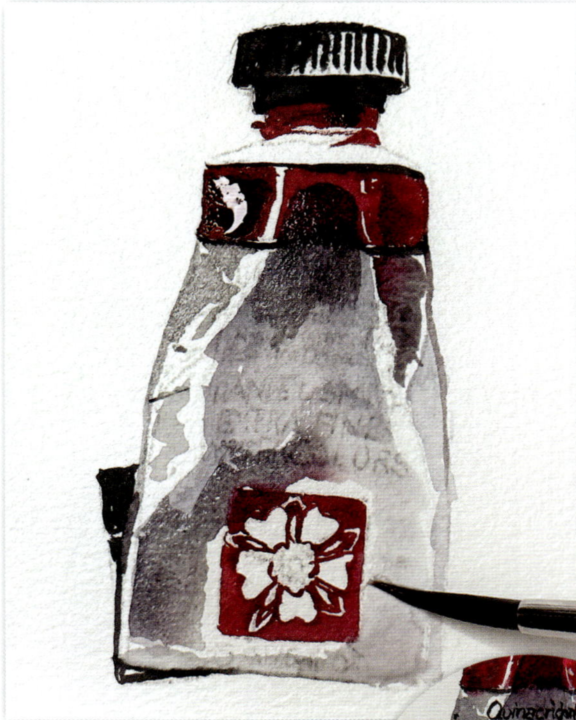

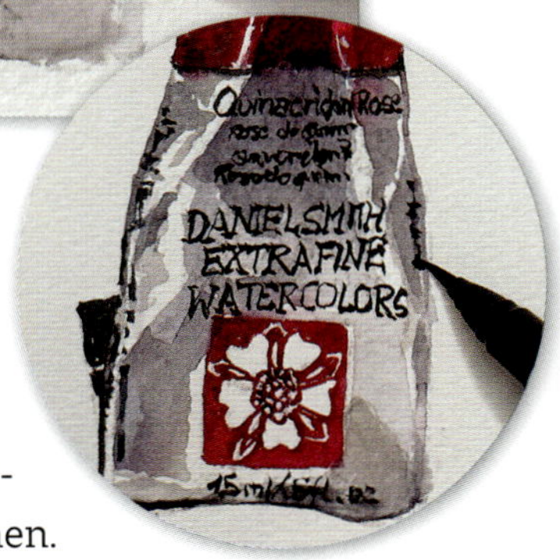

2. Schritt

Als Nächstes für die roséfarbenen Flächen die Farbe direkt aus der Tube nehmen und aquarellieren. Dabei Lichtreflexe aussparen. Spannender wird die Tube, wenn Farbpartikel am Schraubverschluss oder auch als Flecken zu sehen sind. Damit werden die Gebrauchsspuren malerisch sichtbar. Das Logo ausarbeiten und versuchen, das Weiß darin auszusparen.

Gegebenenfalls mit Titanweiß korrigieren.

3. Schritt

Die Schattenfarbe aus Ultramarin und etwas Van Dyck Brown mischen. Die Tiefenwirkung des Bildes entsteht durch die Schattenflächen. Dafür zuerst sehr dünn schattieren, dann eventuell nachsetzen. Zieht man die Schattenfarbe über die roten Flächen, löst sich daraus etwas Pigment, und der Schatten wird etwas violetter. Ebenfalls mit der Schattenfarbe das Metall unter der Verschraubung anlegen. Ist diese Fläche getrocknet, mit dem Linierer oder einem Aquarellmarker den Schriftzug aufmalen.

Aber bitte mit Sahne

(Licht malen)

Material

- Aquarellpapier rau, 26 × 36 cm,
- z. B. Arches
- Aquarellfarben
- z. B. Winsor& Newton:
- Kadmiumhellgelb
- Französisch Ultramarin
- Permanent Alizarinkarmesin
- Indigo
- Gelbocker hell
- Vandyke Braun
- Marsschwarz
- Pinsel: Katzenzungenpinsel, Linierer

Je mehr dunkles Pigment man für den Kontrast aufträgt, desto sonniger wirkt das als Lichteinfall frei gelassene Papierweiß. Meist traut man sich nicht, so dunkel zu malen, da die Farbe im nassen Zustand wirklich sehr dunkel erscheint. Während des Trocknungsprozesses wird die Farbe aber um drei bis vier Tonwerte heller. Es lohnt sich also, es auszuprobieren – der Aha-Effekt ist sicher!

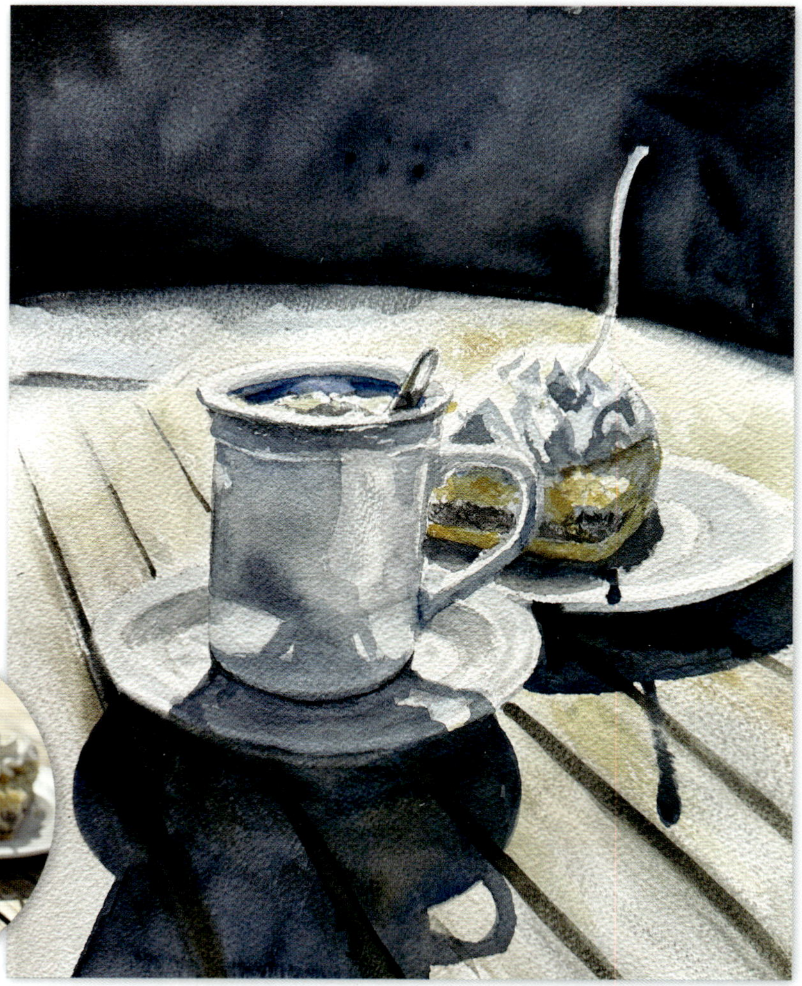

Eine Kaffeepause mit einem Stück Kuchen lädt nicht nur zum Genießen, sondern auch zum Malen ein. Das Sonnenlicht fiel so schön auf den Kaffeetisch, dass ich es sofort festhalten musste.

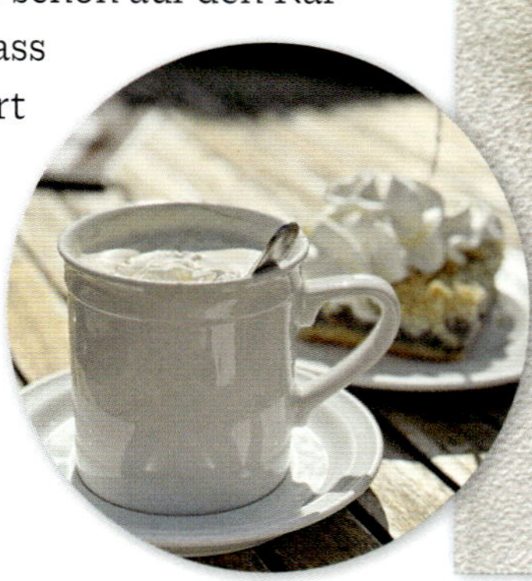

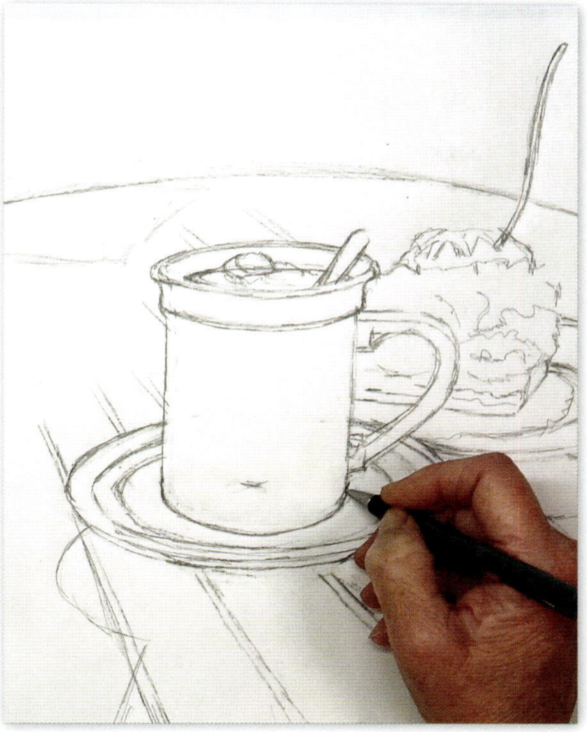

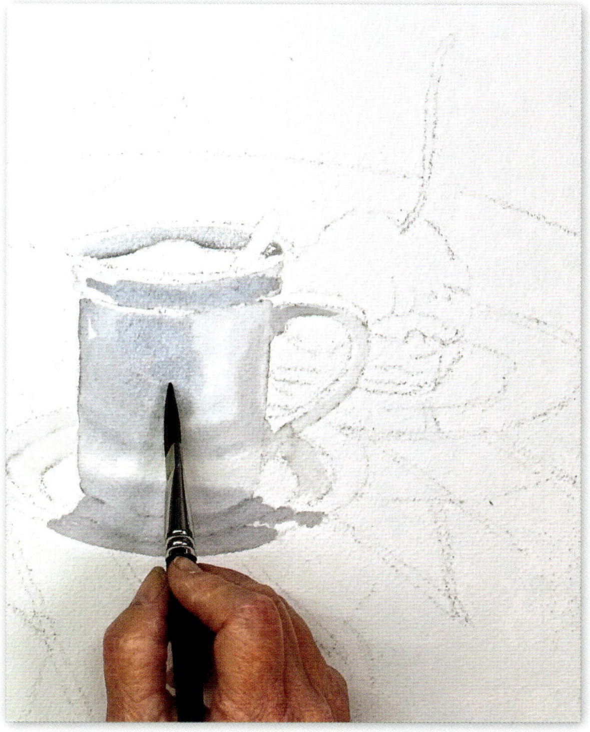

1. Schritt

Tasse und Kuchenteller in diagonaler Anordnung auf ein Transparentpapier zeichnen. Wenn die richtige Perspektive erreicht ist, die Vorlage durch Pausen auf ein Aquarellpapier übertragen. Das geht mithilfe von Transferpapier oder durch Schummern der Rückseite mit Grafit.

Wer sich sicher fühlt, kann auch direkt auf das Aquarellpapier skizzieren.

Tipp: Das Pausen mit einem Farbstift zeigt genau, welche Linien schon übertragen sind.

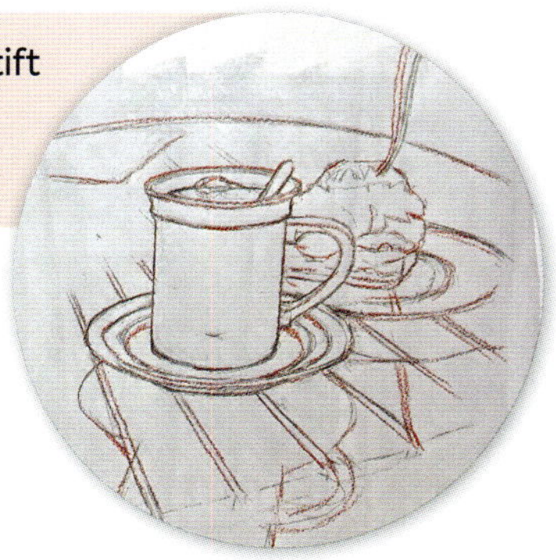

2. Schritt

Mit etwas abgetöntem, hellem Französisch Ultramarin zuerst den Schatten auf der Tasse modellieren. Dafür die Farbe mit dem Pinsel aufnehmen, den Pinsel etwas ausdrücken und den Schatten vorsichtig granuliert auftragen. So können auf der Schattenseite verschiedene Strukturen leichter modelliert und aquarelliert werden.

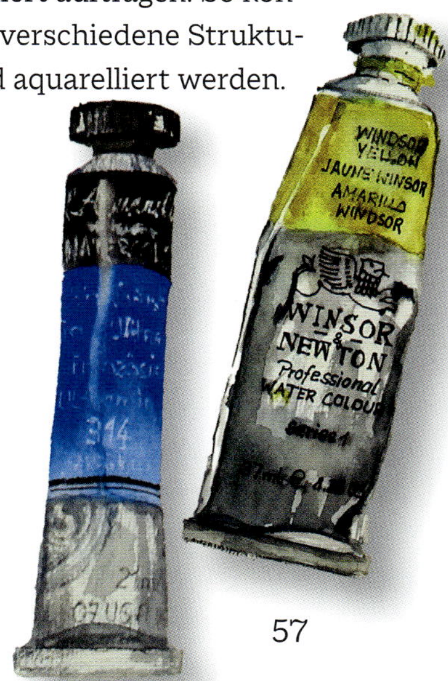

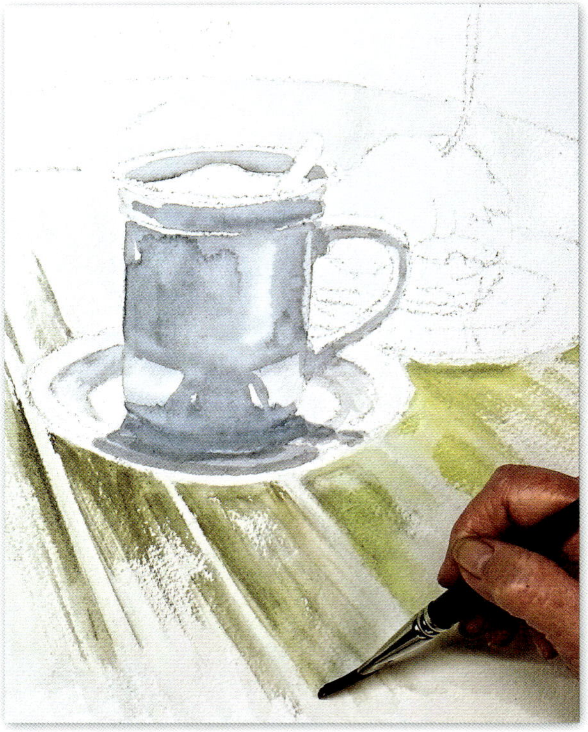

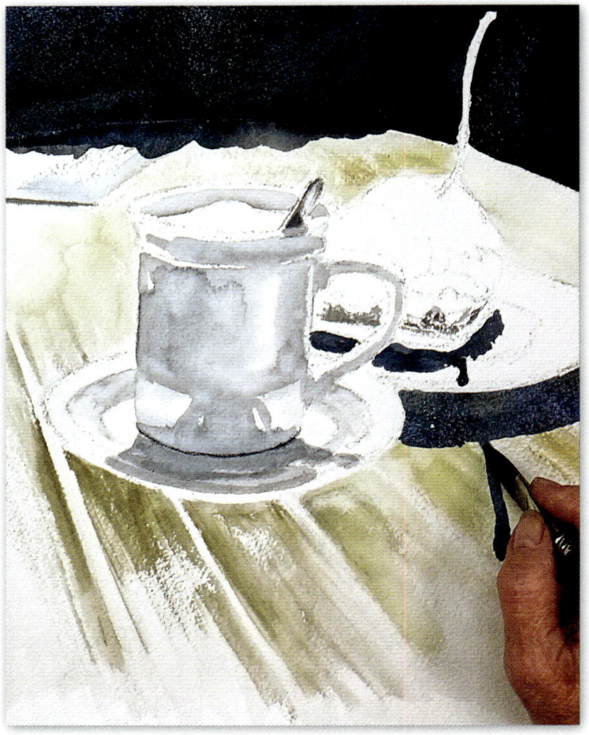

3. Schritt
Jetzt werden die Holzlatten des Tisches mit Gelbocker hell granulierend grundiert. Das stellt die Holzstruktur dar. Immer vom Teller ausgehend nach vorn arbeiten. Verliert sich der Farbauftrag etwas, rutscht das Motiv automatisch in den Fokus.

4. Schritt
Mit Indigo, Französisch Ultramarin und etwas Vandyke Braun den Hintergrund dunkel anlegen. Dazu zuerst die Fläche mit Wasser anfeuchten und anschließend vom Tischrand nach außen aquarellieren. Den Schatten auf dem hinteren Bereich des Tischs und unter dem Kuchenteller mit derselben Farbe abschattieren. Auch den Schatten der Kuchengabel auf den Tisch ziehen.

Beachte den Versatz des Schattens durch den Teller.

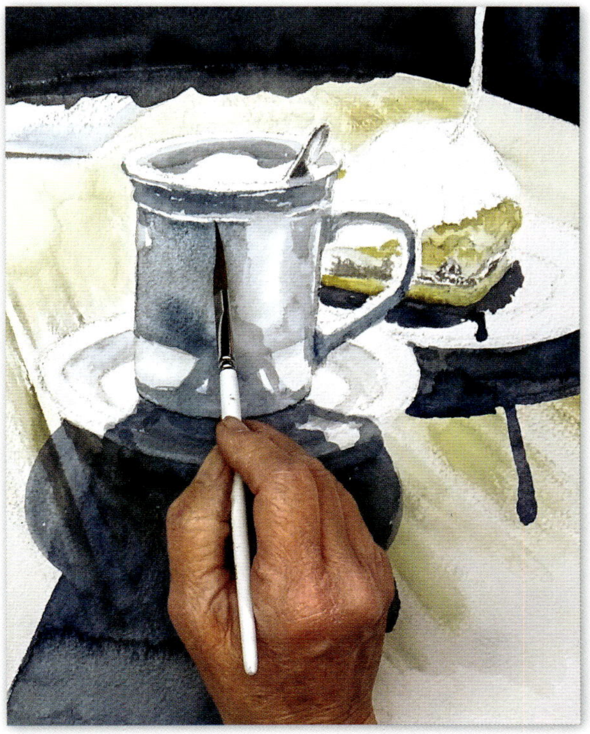

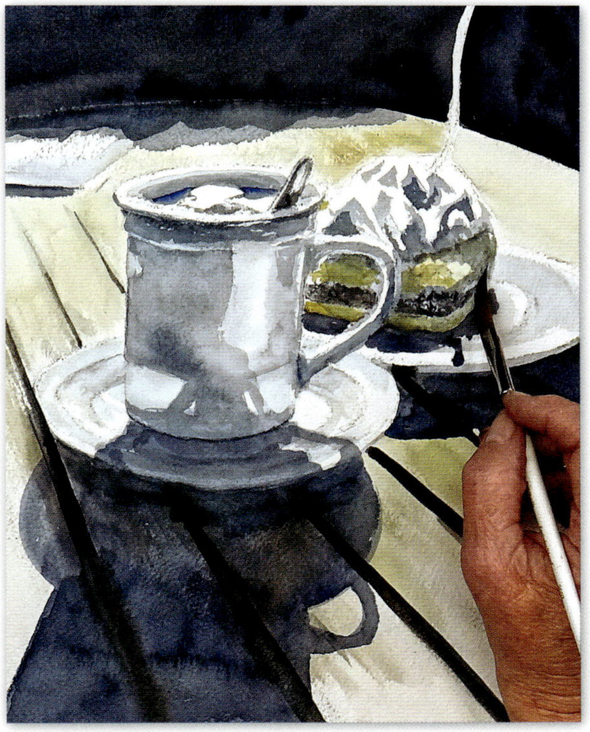

5. Schritt
Den Kuchen mit Gelbocker hell und die Mohnfüllung mit Marsschwarz granulieren. Trocknen lassen.

Die Formen der Tasse, der Sahnehaube und des Löffels durch Schatten intensiver ausarbeiten. Je mehr Schatten, desto heller scheint die Sonne im Motiv. Der Schatten fällt perspektivisch immer zum Sonnenlicht hin. Hier kommt das Sonnenlicht von leicht rechts.

Merke: Einen granulierten Farbauftrag erst trocknen lassen, dann erst weiter übermalen. Damit bleibt die granulierte Struktur im Untergrund stehen und wirkt in der Tiefe.

6. Schritt
Die Zwischenräume zwischen den Holzlatten des Tisches mit Schattenfarbe abdunkeln. Eventuell einen zweiten Farbauftrag für mehr Tiefe hinzufügen. Die Zwischenräume vorn etwas breiter malen und nach hinten schmaler auslaufen lassen. Damit erhält der Tisch eine schöne räumliche Wirkung.

Jetzt können auch das Kuchenstück und die Sahnehaube mit Schatten flächig überarbeitet werden - so lange, bis einem der Mund wässerig wird! Dann hat das Motiv die richtige Wirkung.

Champagner eisgekühlt

(Silber malen)

Material

Aquarellpapier satiniert,
36 × 51 cm, z. B. Lana, Hahnemühle
Aquarellfarben, z. B. Schmincke:
Kadmiumgelb hell
Französisch Ultramarin
Alizarin-Karmesin
Vandyckbraun
Gold
Pinsel: Flachpinsel, Rundpinsel,

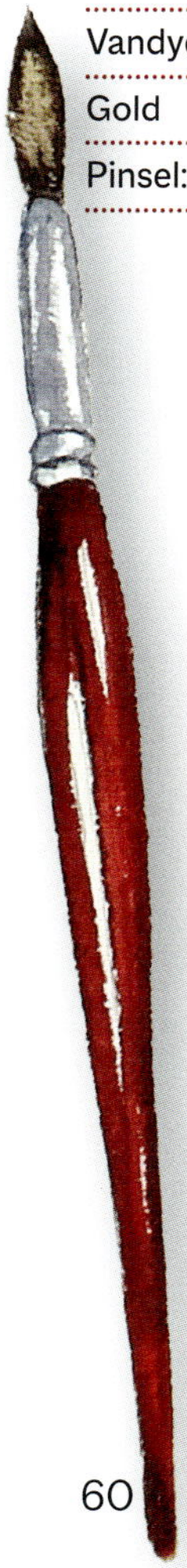

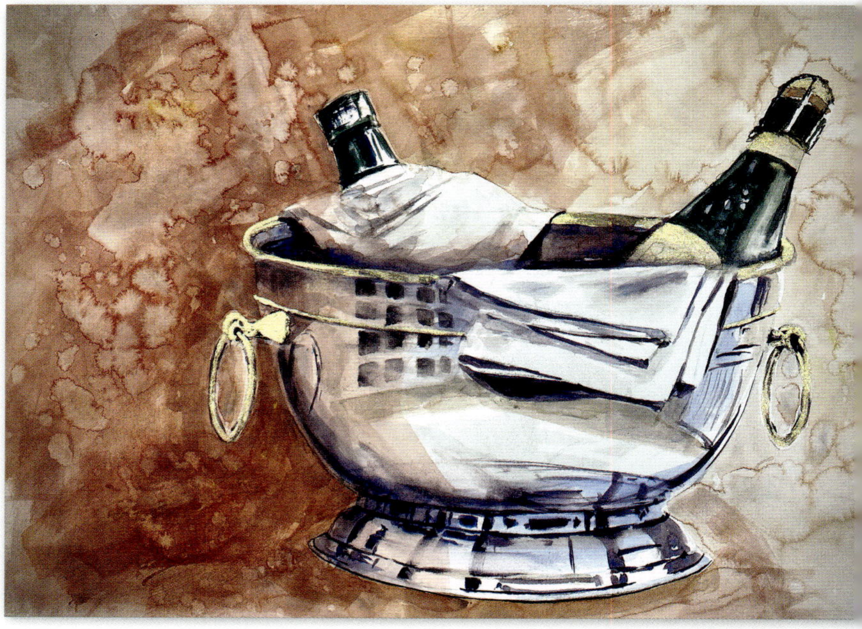

Silbern glänzt der Champagnerkühler und macht Lust auf ein prickelndes Malerlebnis. Mithilfe einer selbst gemachten Schablone und der Spiegelung des Raums auf dem runden Körper des Kühlers wird jedes Bild ein genussvolles Erlebnis.

Für einen symmetrischen Kühler ist eine Schablone hilfreich. Hierzu ein Stück Packpapier mittig falten und einen halben Kühler zeichnen. Dann die Form ausschneiden und auseinanderfalten. So gelingt jede Form symmetrisch, auch von Vasen, Flaschen und Ähnlichem. Man kann die Schablone abheben und mehrmals verwenden.

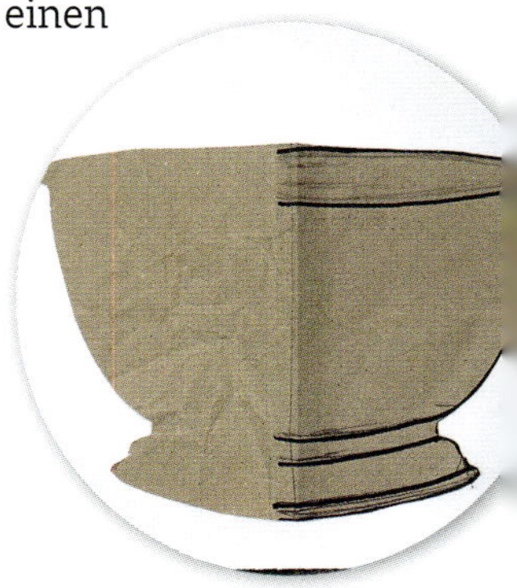

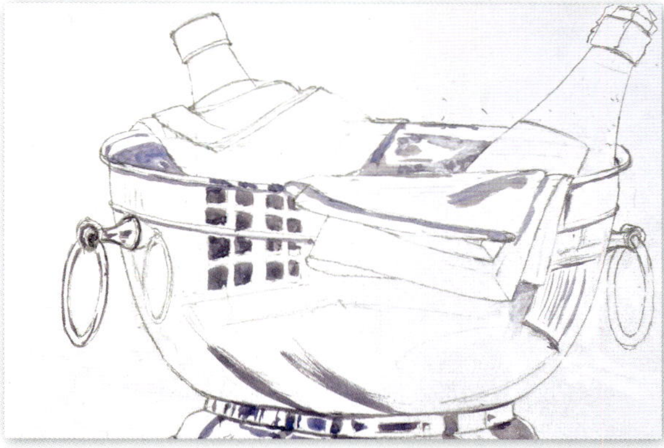

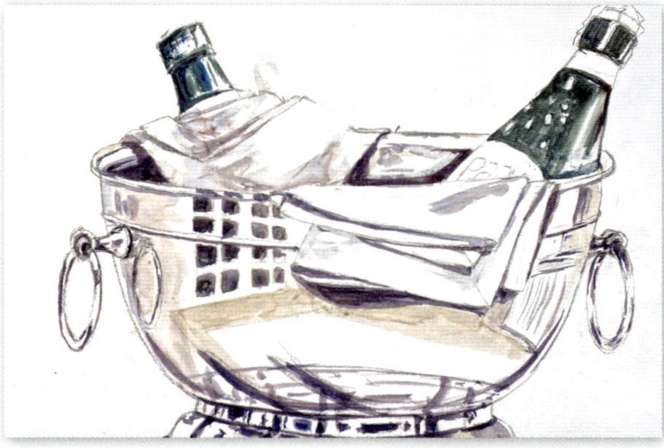

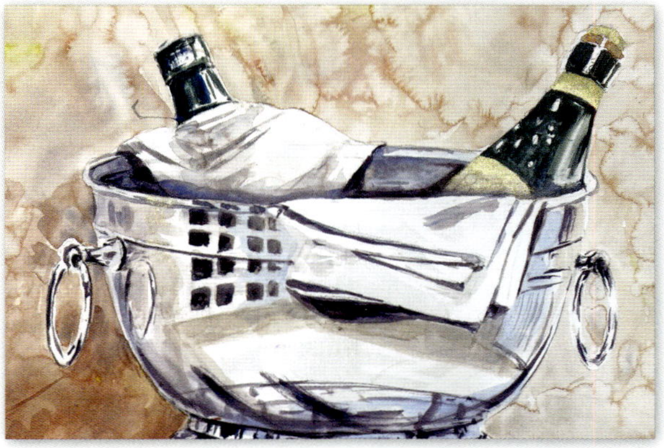

1. Schritt
Den Champagnerkühler mithilfe der Schablone skizzieren und die Flaschen mit den Stoffservietten in der Form platzieren. Die Spiegelung des Raumes mit dem Fenster auf die Außenseite des Kühlers spiegelverkehrt zeichnen. Mit einer Mischung aus Französisch Ultramarin und etwas Kadmiumgelb hell und Alizarin-Karmesin die Schatten und Spiegelung mit einem kleinen Rundpinsel malen.

2. Schritt
Die Flaschen mit einem aus Kadmiumgelb hell und Französisch Ultramarin gemischten Flaschengrün anlegen, dabei die Wassertropfen auf den Flaschen aussparen. Die Wandfarbe des gespiegelten Raums aus Kadmiumgelb hell und Alizarin-Karmesin mischen und als leichte Lasur auftragen. Dabei den Teppich aussparen. Die Form der Stoffservietten durch Schatten unter den Falten hervorheben.

Tipp: Stelle einen runden Gegenstand aus Silber oder Chrom vor dir auf, um die Spiegelung mit eigenen Augen wahrzunehmen.

3. Schritt
Die Flasche rechts mit Gold am Etikett betonen. Ein goldener Rand am Kühler und an den Greifringen betont die Exklusivität. Trocknen lassen!

Den Hintergrund mit Wasser anfeuchten und anschließend ein aus Kadmiumgelb hell und Alizarin-Karmesin gemischtes Orange auftragen. Mit Wassertropfen den Hintergrund locker gestalten und durch Abtupfen strukturieren. Nach dem Trocknen die linke Seite nachlasieren. Eventuell einen zweiten Farbauftrag für mehr Tiefe im Hintergrund aufbringen.

Mit der Mode gehen

(Menschen malen)

Material

Aquarellpapier mittelfein,
21 × 29,7 cm, z. B. Aquapad,
Clairefontaine
Aquarellfarben, z. B. Schmincke:
Kadmiumgelb hell
Alizarin-Karmesin
Französisch Ultramarin
Titangoldocker
Vandyckbraun
Pinsel: Katzenzungenpinsel,
Rundpinsel, Linierer

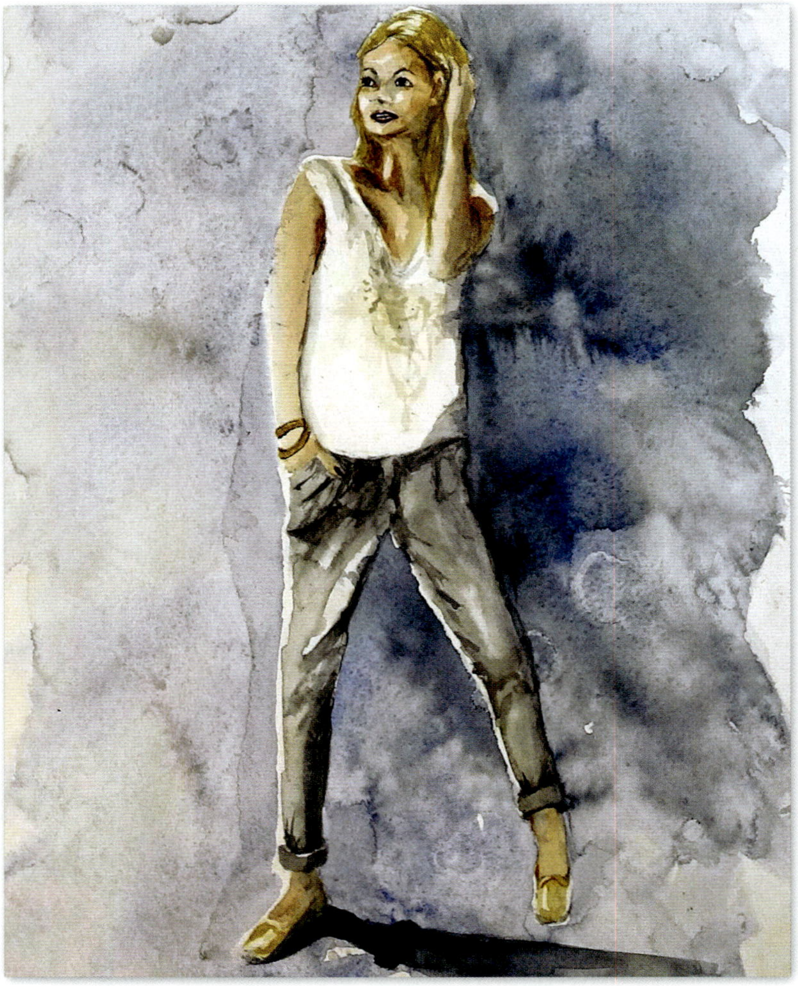

Als ich mit Watercolor anfing, traute ich mich nicht, Menschen in meine Bilder zu malen. Die ersten waren sehr steif und nur von hinten zu sehen. Dann fiel mir ein alter Modekatalog in die Hände. Die Personen waren so schön in unterschiedlichen Alltagsposen fotografiert, dass ich diese als Malvorlage benutzte. Somit hatte ich modern gekleidete Figuren und ideal ausgeleuchtete Vorlagen. Seither benutze ich dieses Mittel auch gerne in meinen Kursen.

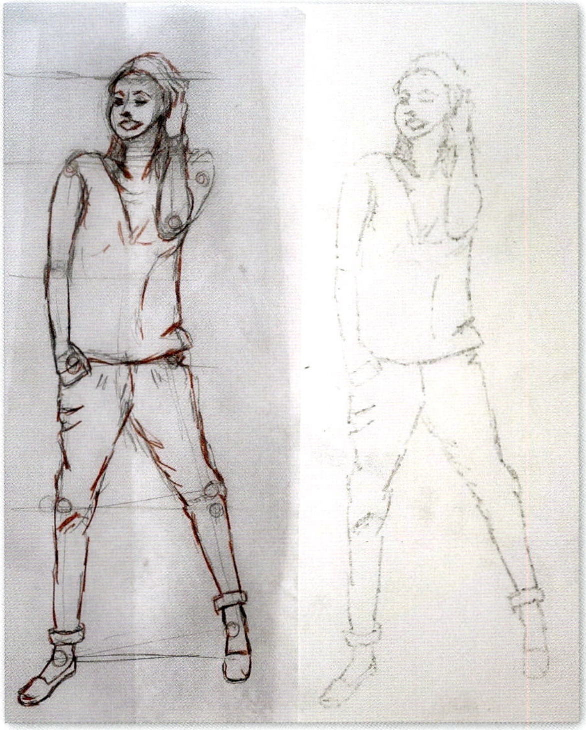

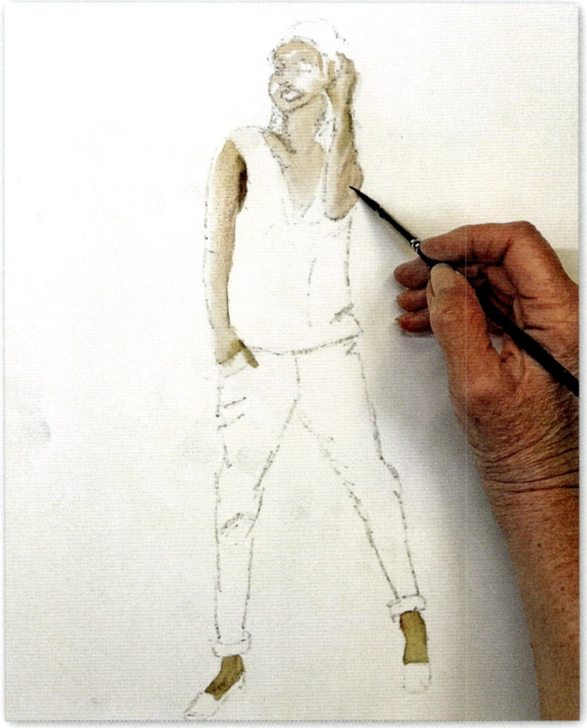

1. Schritt
Die Person nach der Katalogvorlage zuerst auf ein Transparentpapier zeichnen. Hier kannst du so viel radieren und korrigieren, bis die Proportionen stimmig sind.

Für die Skizze zunächst die Gesamthöhe festlegen und diese dann halbieren: Hier sitzen ungefähr die Hüftknochen. Die obere Hälfte des Körpers in drei gleiche Teile teilen: der erste Teil für Kopf und Hals bzw. Schulter, der zweite bis etwa zum Bauchnabel und der dritte bis zur Hüfte. Die untere Hälfte des Körpers in zwei Teile teilen: der erst von der Hüfte bis zu den Knien und der zweite, untere, bis zum Fußknöchel.

Jetzt sind die Arme an der Reihe. Von der Schulter bis zur Elle ist der Oberarm etwa so lang wie die Strecke von der Schulter bis zum Bauchnabel. Vom Ellbogen reicht der Unterarm etwa bis zur Hüfte. Die Hände werden separat gerechnet, ebenso wie die Füße.

Dann die Kleidung locker über die gekennzeichneten Abstände zeichnen. Die fertige Skizze durch Pausen auf das Aquarellpapier übertragen.

2. Schritt
Mit einer Mischung aus Titangoldocker und verdünntem Alizarin-Karmesin einen Hautton mischen. Die Hautpartien anfeuchten und die Farbe auftragen. Dunklere Stellen mit einem zweiten Farbauftrag vertiefen. Mit einem Papiertaschentuch kann man den Tonwert kontrollieren.

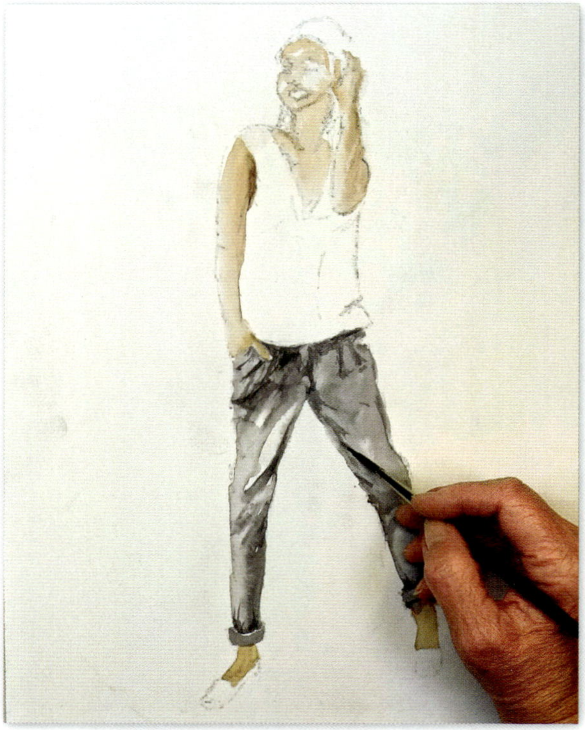

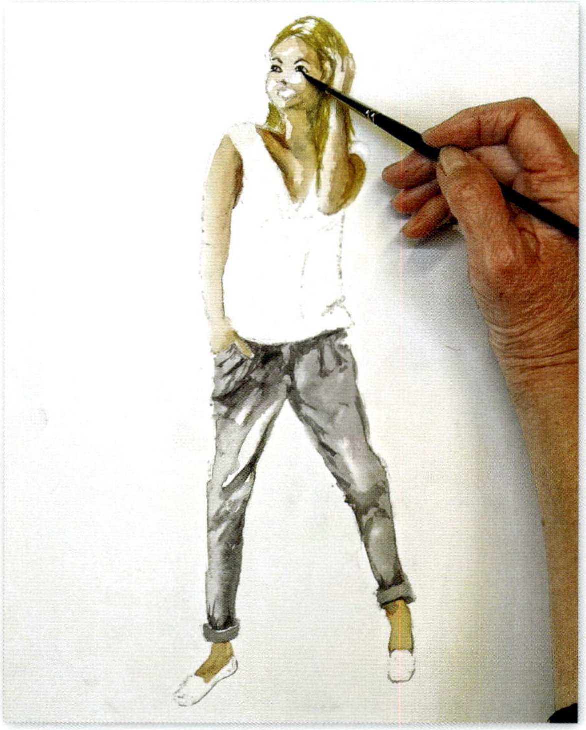

3. Schritt

Jetzt kann die Hose koloriert werden. Dazu die Fläche der Hose anfeuchten und mit einem aus Französisch Ultramarin, Kadmiumgelb hell und Alizarin-Karmesin gemischten Grau anlegen. Die Falten durch einen zweiten Farbauftrag intensivieren, dadurch wirken sie realistischer. Auf der Innenseite der Beine die Hose etwas dunkler malen, dadurch werden die Beine rund.

Merke: Es ist leichter, eine Figur in einem kleineren Format zu malen als in einem großen, denn so kann man nicht so detailverliebt vorgehen. Bei einer großen Figur sieht man mehr Details, die der Betrachter bei einer kleineren in seiner Wahrnehmung von selbst ergänzt. Hier genügt oft ein Punkt oder ein Strich als Andeutung.

4. Schritt

Die Haare mit Titangoldocker malen und auf dem Oberkopf Lichtreflexe aussparen.

Jetzt ist die Haut getrocknet, und das Gesicht kann ausgearbeitet werden. Mit einem kleinen Rundpinsel oder Linierer und etwas Vandyckbraun die Augenlinien und die Pupille mit der Iris andeuten. Dabei muss man nicht allzu genau vorgehen.

Zwei Punkte deuten die Nasenlöcher an. Wenn diese zu dunkel werden, einfach durch Abtupfen aufhellen. Für den Mund die braune Farbe mit etwas Alizarin-Karmesin mischen und zwei kleine schwungvolle Linien ziehen. Dieses Farbgemisch weiter verdünnen und damit noch Schatten an die Schulterknochen und auf die rechte Gesichtshälfte legen.

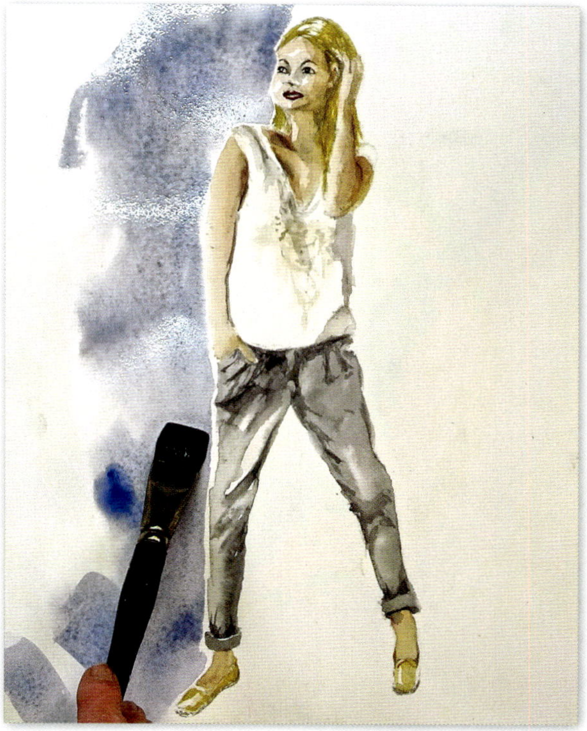

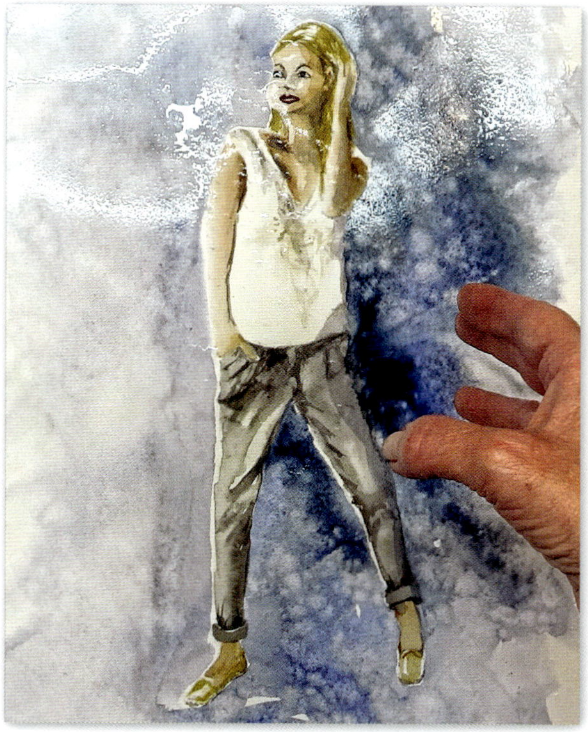

5. Schritt

Das Top mit einer zarten Schattenfarbe aus mit »Palettendreck«, der vermischten Restfarbe auf der Palette, gebrochenem Französisch Ultramarin modellieren. Auf der Schattenseite Falten und Strukturen andeuten. Für die Stickereien auf dem Top die zuvor für die Haare verwendete Farbe weiter verdünnten. Die Schuhe mit Titangoldocker füllen und Schatten im Innenschuh mit einem Strich andeuten.

Den Hintergrund mit einem nassen Pinsel anfeuchten und mit etwas Französisch Ultramarin aquarellieren. Nach außen hin die Farbe mit einer Lavur auslaufen lassen.

Anschließend die anderen Flächen genauso ausarbeiten. Auf der rechten Seite die Farbe dunkler aquarellieren.

6. Schritt

Um den Hintergrund lockerer zu gestalten, die nasse Hintergrundfläche mit ein paar Wassertropfen strukturieren. Ist alles getrocknet, kann man nochmals nachsetzen, wenn das Motiv es erfordert.

Auch andere Figuren lassen sich prima so erarbeiten. Probiere es einfach aus!

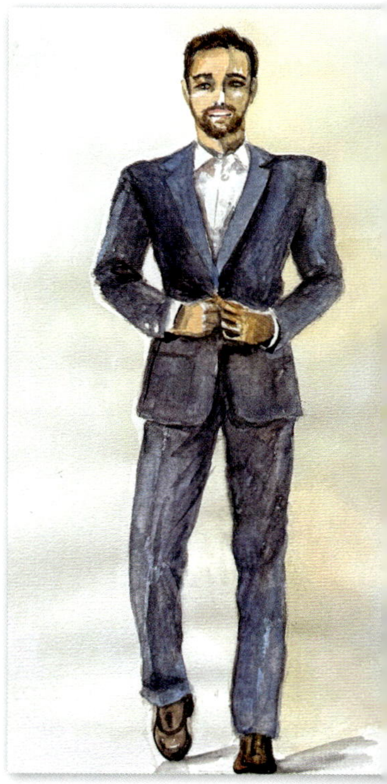

Laufstegtreff

(spontane Malweise mit viel Papierweiß)

Material

- Aquarellpapier satiniert,
- 30,5 × 45,5 cm,
- z. B. Fabriano »Artistico«
- Aquarellfarbe,
- z. B. Winsor & Newton:
- Kadmiumhellgelb
- Französisch Ultramarin
- Indigo
- Chinacridonrot
- Winsorviolett
- Coelinblau
- Pinsel: Rundpinsel, Flachpinsel,
- Linierer, Schlepper
- Sprühflasche

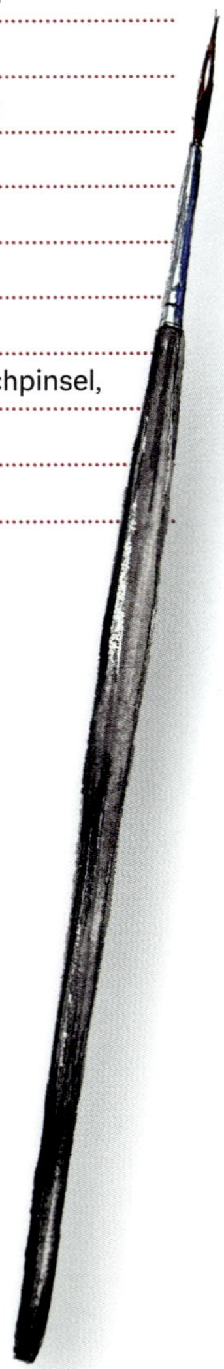

In diesem Motiv treffen sich mehrere Figuren auf dem Laufsteg. Dazu kann man sich mehrere Figuren aus den Katalogen als Vorlage aussuchen und diese individuell zusammenstellen. Das macht Spaß und motiviert, noch mehr zu malen. Mit lockerem Pinselstrich und vielen offenen Papierflächen wirkt solch ein Arrangement besonders lebendig.

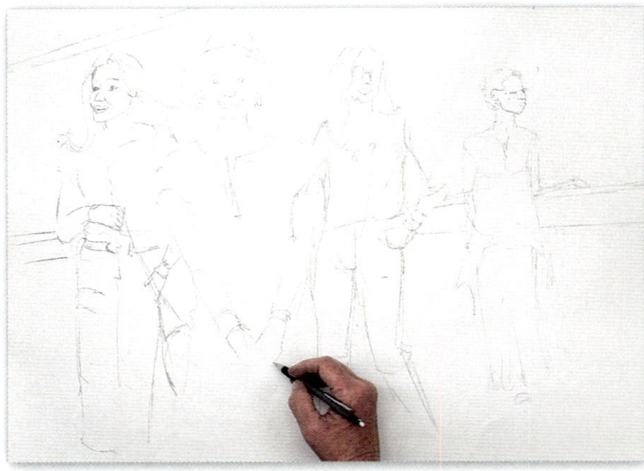

1. Schritt

Die verschiedenen Figuren locker auf das Aquarellpapier skizzieren. Alternativ die Personen auf ein Transparentpapier zeichnen und dann durch Pausen auf das Aquarellpapier übertragen. Hände und Füße werden nur grob angedeutet, da der Fokus des Motivs auf der Ausstrahlung liegt.

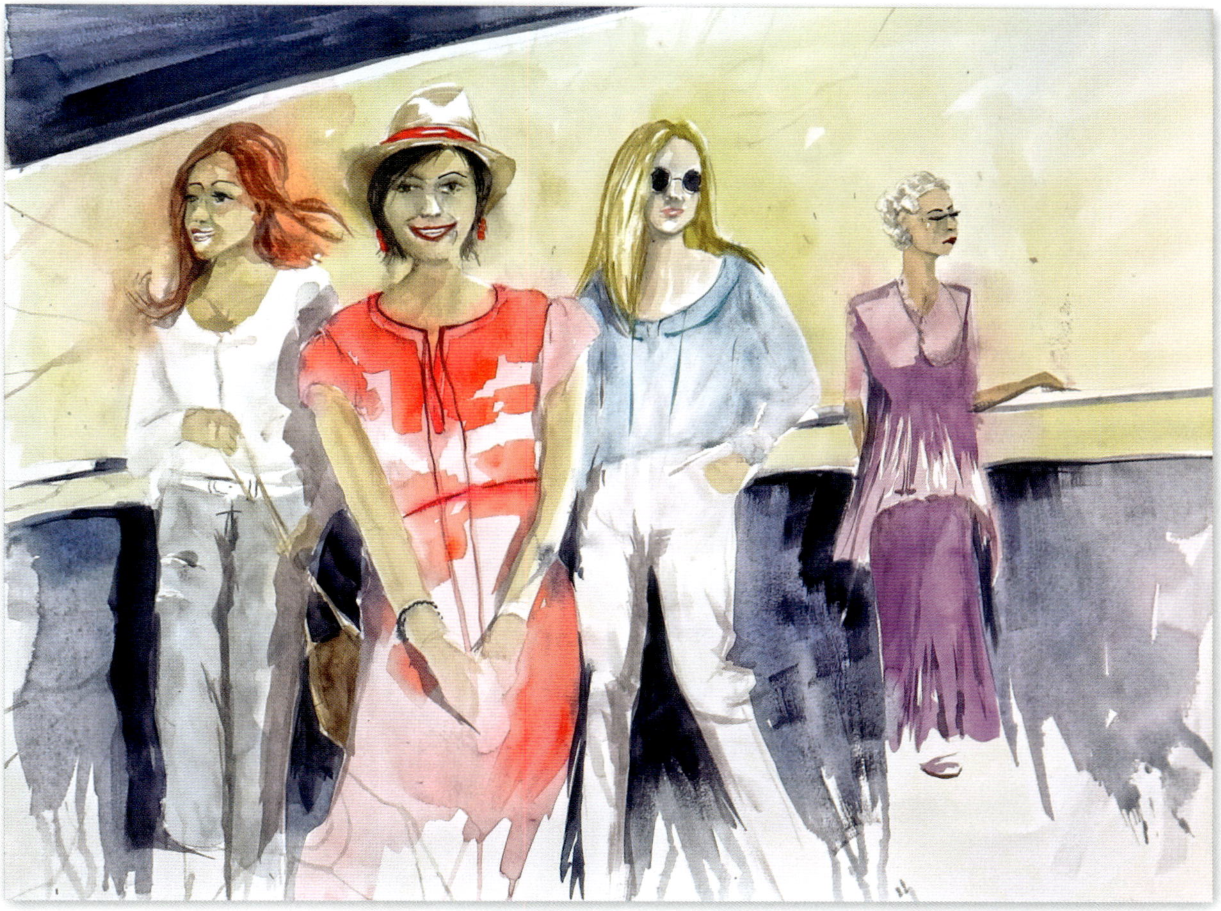

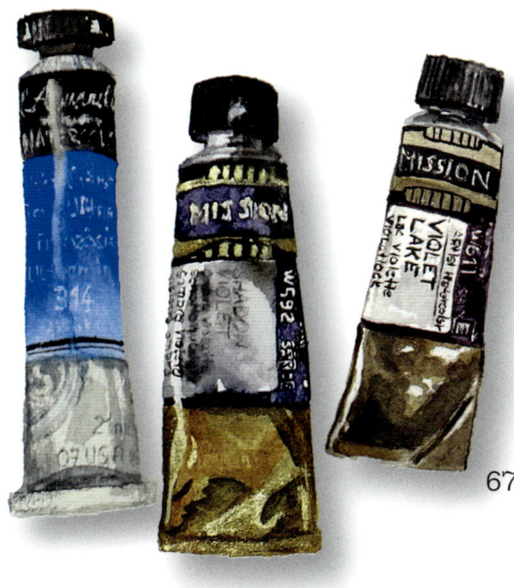
MISSION
VIOLET
LAKE

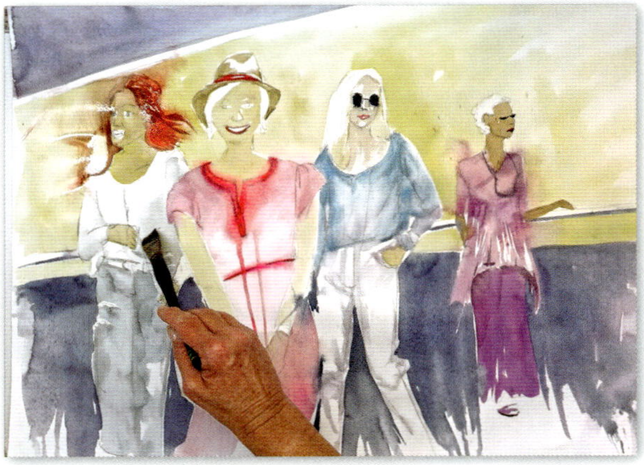

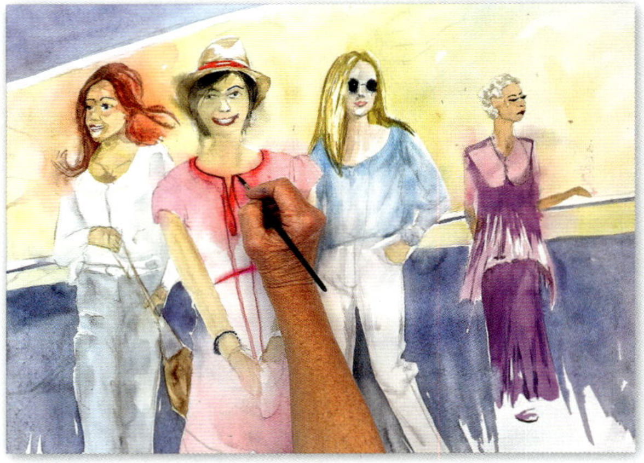

2. Schritt

Alle Figuren mit einem ersten Farbauftrag grundieren. Die Farben für Kleidung und Haare können individuell gewählt werden.

Wird die Fläche vorher angefeuchtet, verläuft der Farbauftrag malerischer. Jeder kann selbst entscheiden, was am besten gefällt. Mit einer Sprühflasche lassen sich Farbaufträge aufgelöst und lockerer gestalten. Der Sonnenhut und die Sonnenbrille lassen das Motiv sommerlich erscheinen. Den Hintergrund bilden hier ein Dach und die Reling eines Schiffes, was das Thema Sommer noch intensiviert.

3. Schritt

Jetzt können Details farbintensiver ausgearbeitet und Kragen oder Bänder in die noch feuchte Fläche aquarelliert werden. Dieser Farbauftrag löst sich malerisch auf und ist gleichzeitig ein wichtiges Detail für den Gesamteindruck, vor allem im Vordergrund.

Trocknen lassen.

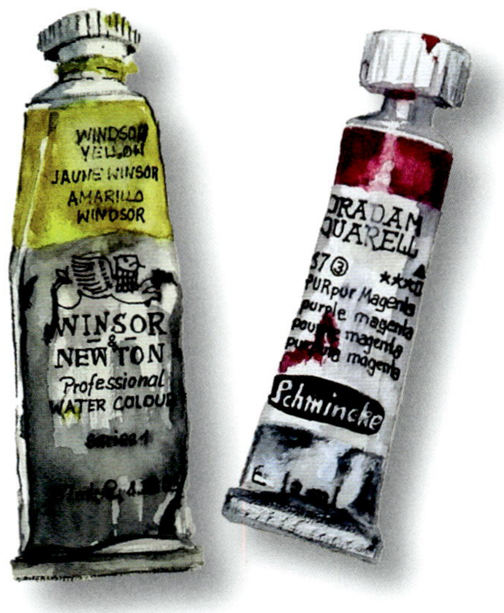

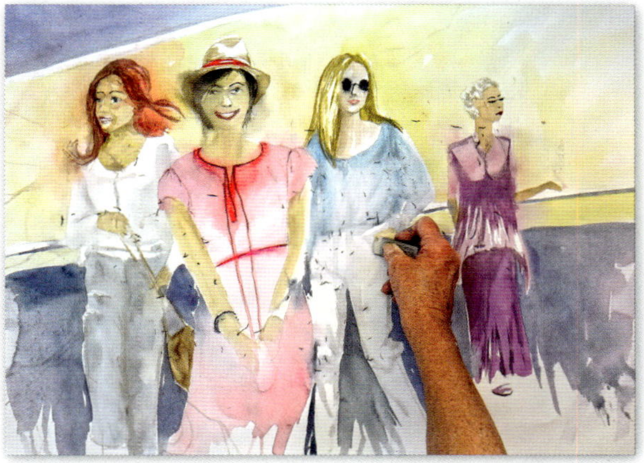

4. Schritt

Ist das Aquarellpapier trocken, können die Bleistiftspuren der Skizze durch Radieren entfernt werden. Die Linien lassen sich meist nur im weißen Papierbereich entfernen. Je nach Papier verschwinden aber auch die Vorzeichnungsstriche, die mit Farbe übermalt wurden, oder die radierten Flächen werden etwas heller.

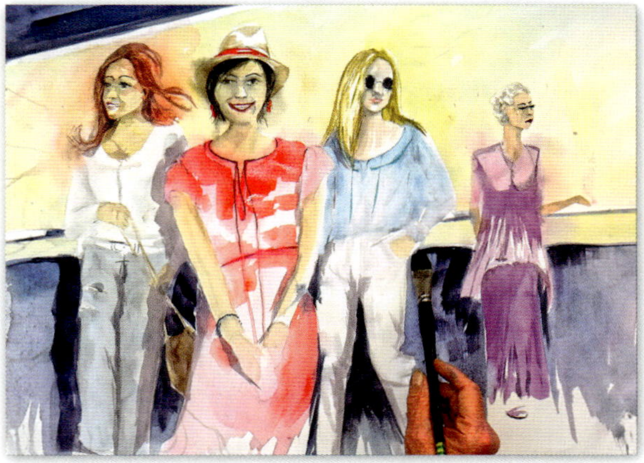

5. Schritt

Jetzt wird, hier mit Indigo, der Hintergrund direkt an den Figuren dunkler aquarelliert. Damit treten die Figuren mehr in den Vordergrund. Der Pinselstrich kann malerisch auslaufen und auch zu sehen sein. Damit erscheint die Gesamtkomposition wie ein kreativer Modeentwurf, der Spontanität ausdrückt. Durch die frei gebliebenen Flächen im Bild zieht sich das Weiß dynamisch durch das Motiv.

Spiegelung

(Spiegelung auf Wasser)

Material

- Aquarellpapier fein,
- 36 × 51 cm, z. B. Sennelier
- Aquarellfarben, z. B. Sennelier:
- Cadmiumgelb hell echt
- Französisch Ultramarinblau
- Krapplack Rosa
- Indigoblau
- Sepia Warm
- Coelinblau
- Ockergelb
- Pinsel: Rundpinsel,
- Katzenzungenpinsel, Linierer,
- Schlepper

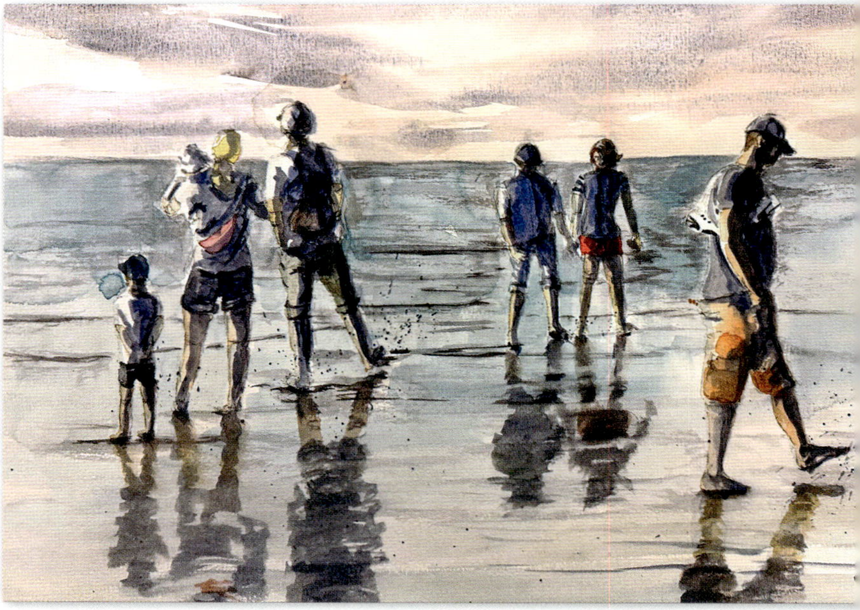

Eine Spiegelung bringt einem Motiv immer eine besondere Note. Sie erdet die Figuren auf dem Untergrund und zeigt an, dass die Bodenfläche mit Wasser bedeckt ist.

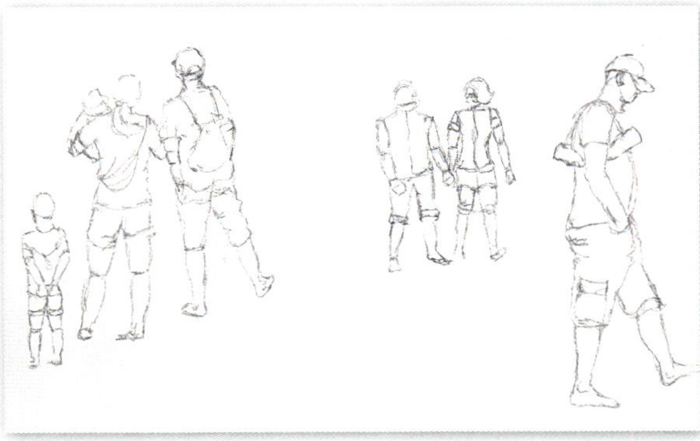

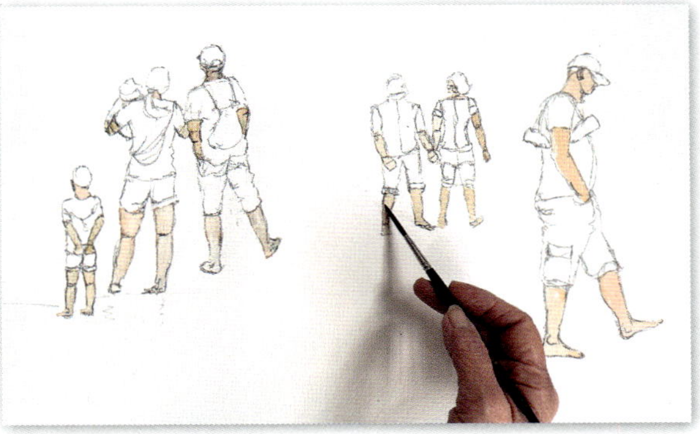

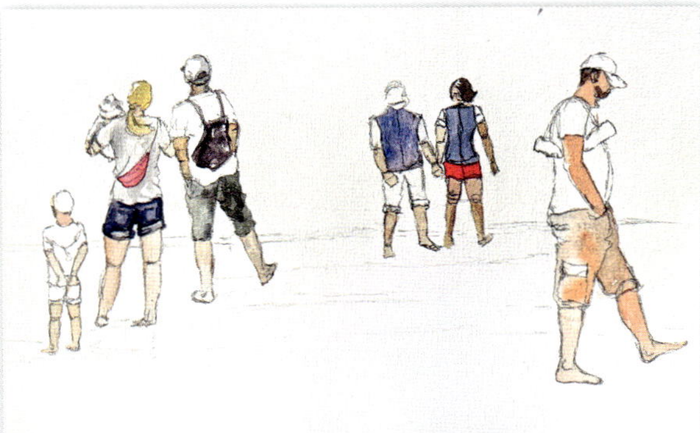

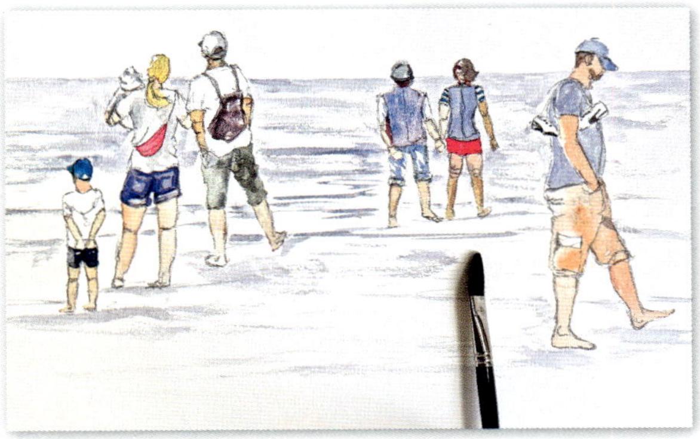

1. Schritt
Zeichne ein paar Figuren unregelmäßig auf das Aquarellpapier oder zeichne sie zunächst auf ein Transparentpapier und pause sie dann ab. Achte dabei darauf, dass sich alle Köpfe in etwa auf der Horizontlinie befinden. Die Horizontlinie wird auch Augenlinie genannt, die vom Fotograf durch seine Aufnahme bestimmt wird.

2. Schritt
Aus Ockergelb und verdünntem Krapplack Rosa die Hautfarbe mischen. Die freiliegenden Hautpartien der Personen mit Wasser anfeuchten und dann die Mischfarbe hinein aquarellieren.

3. Schritt
Nun kann nach Belieben die Kleidung eingefärbt werden. Vorteilhaft sind auch für diese Sommerimpression weiße Kleidung, z. B. T-Shirts oder Hosen, die nur durch Falten in einem abgetönten Blau strukturiert werden.

4. Schritt
Den Horizont und die Wasseroberfläche in einem gemischten Graublau mit granulierenden Strichen leicht andeuten. Dabei den Abstand der Striche zum vorderen Rand hin größer werden lassen.

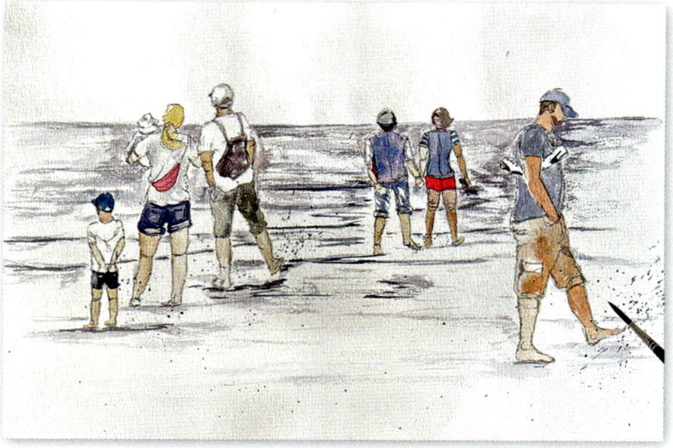

5. Schritt

Mit einem etwas dunkleren Farbton aus Französisch Ultramarin und Sepia Warm Schatten unter die zufälligen Wellen legen.

Mit ein paar Spritzern die Wasserbewegung an den Füßen andeuten. Dadurch erhält die Beinbewegung mehr Aufmerksamkeit.

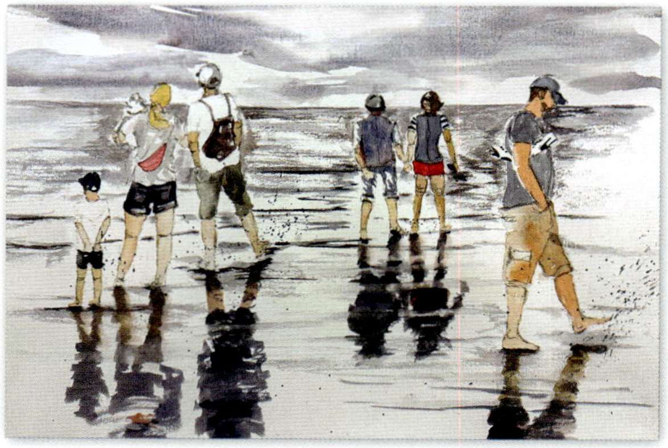

6. Schritt

Die Schattenfarbe aus Indigo und Sepia Warm mischen und zackenförmig als Spiegelungen der Personen in der Wasseroberfläche auftragen. Im Bereich der Haut die Farbe mit einem Papiertaschentuch wieder austupfen und anschließend mit der Hautfarbe erneut füllen. Je dunkler die Spiegelung, desto heller scheint die Sonne.

Merke: Bei Wasseroberflächen wird die Spiegelung genau unter das Objekt gelegt, wie bei einem Spiegel. Schatten hingegen werden abhängig von der Position der Sonne oder der Lichtquelle perspektivisch aufgetragen.

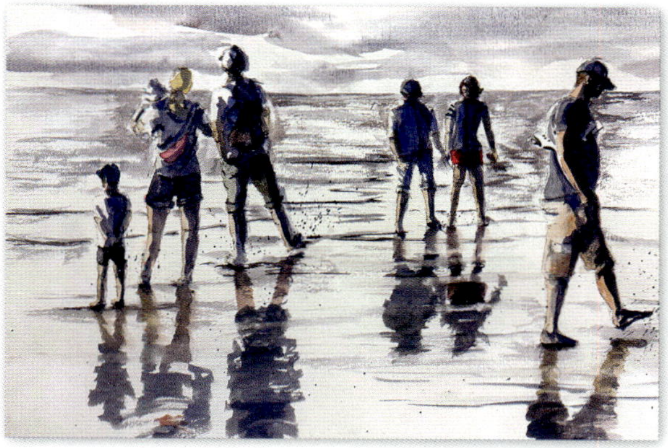

7. Schritt

Den Himmel anfeuchten und mit einer Mischung aus Französisch Ultramarinblau und etwas Coelinblau mit wenig Krapplack Rosa und Cadmium hell echt gebrochen aquarellieren. Der Himmel wirkt besonders dynamisch, wenn die Farbe etwas perspektivisch zum Horizont verläuft und weiße Flächen stehen bleiben.

Mit Indigo und Sepia Warm eine Schattenfarbe mischen und diese auf der Rückseite der Personen auftragen. Dabei an der linken Seite einen hellen Rand stehen lassen. So wirkt das Motiv intensiv sommerlich.

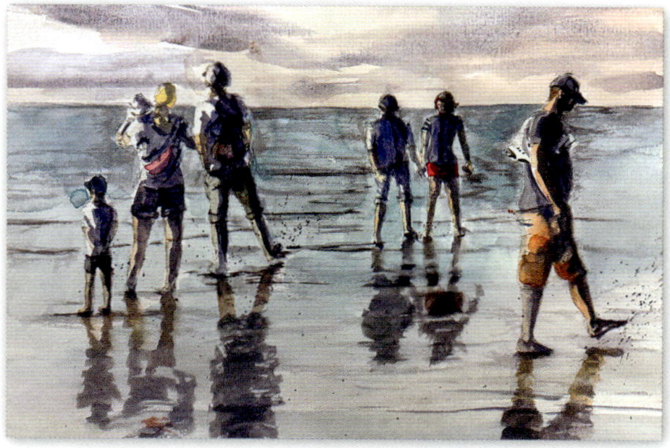

8. Schritt

Lasuren über den Himmel und die Wasseroberfläche legen und so diese Flächen zu einer Ebene verbinden. Die Wasserfläche wird mit einem leichten, verdünnten Coelinblau zusammengefasst. Es ist wichtig, dass die Lasur nach vorn hin dünner ausläuft. Für den Himmel eine lachsfarbene Lasur aus etwas Krapplack Rosa und Cadmium hell echt mischen, um die Vorboten des Sonnenuntergangs ins Bild zu bringen.

Nach dem Trocknen können zum Schluss überstehende Bleistiftstriche mit einem Radierer entfernt werden.

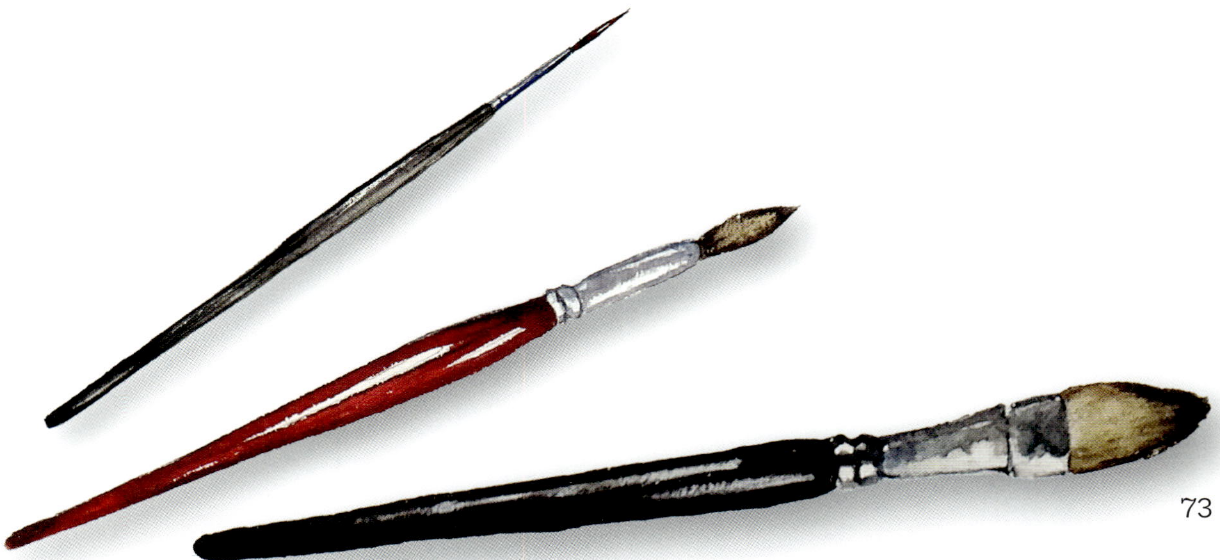

Katze Soni

(Tiere und Fell malen)

Material

Aquarellpapier rau, 26 × 36 cm, z. B. Arches
Aquarellfarbe, z. B. Schmincke:
Französisch Ultramarin
Kadmiumgelb hell
Alizarin-Karmesin
Titanweiß
Flüssige Kohle Traubenkernschwarz
Pinsel: Katzenzungenpinsel, Linierer, Rundpinsel, Schlepper

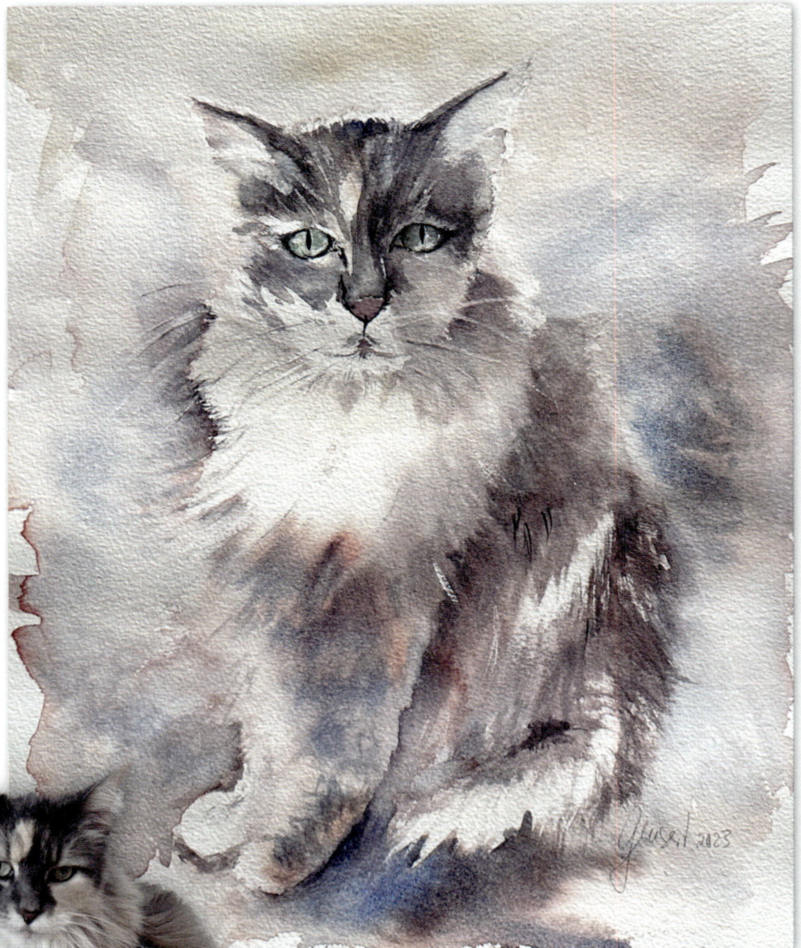

Dieses Katzenporträt wird mit den Grundfarben und etwas flüssiger Kohle erarbeitet. Arbeitet man mit den Grundfarben sehr wässrig, löst sich das Pigment von Französisch Ultramarin sehr malerisch auf. Das liegt am granulierenden Effekt des organischen Pigments.

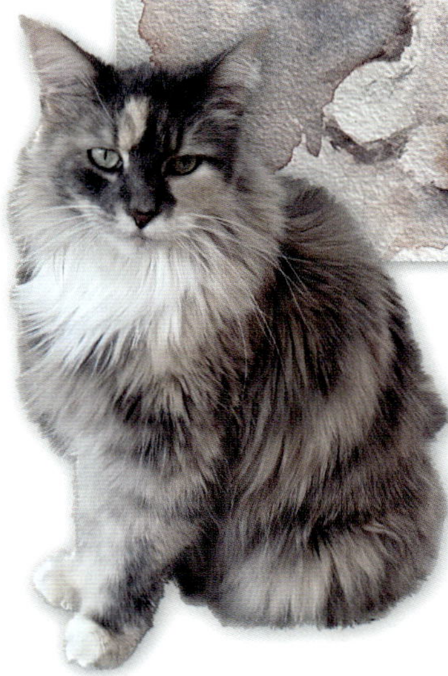

Vor allem bei rauem Papier macht sich der besondere Effekt von Französisch Ultramarin bemerkbar: Dieser Farbton ist von Natur aus granulierend. Einige Maler lieben es sehr, wenn das Pigment sich spielerisch auf dem Papier wieder löst und zufällige Farbverläufe erzeugt.

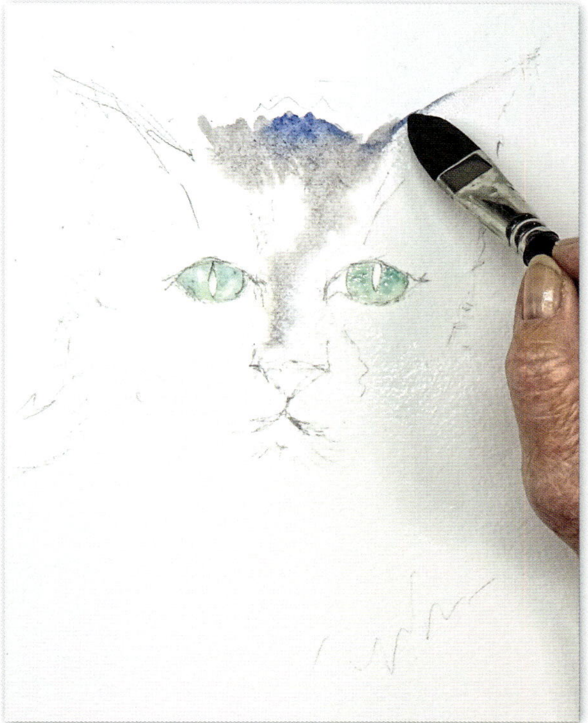

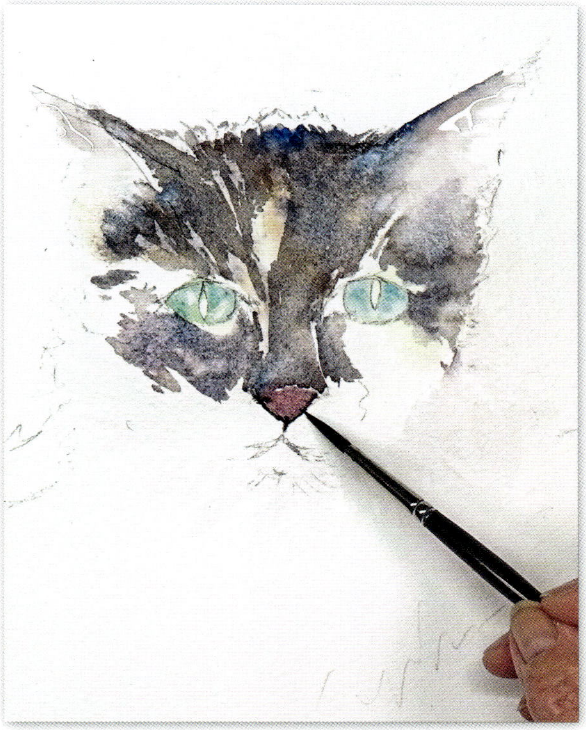

1. Schritt

Die Katze mit einem Bleistift auf das Aquarellpapier skizzieren. Dann zuerst die Katzenaugen in einem Blau-Grün-Ton aus Kadmiumgelb hell und Französisch Ultramarin anlegen. Damit entsteht eine Blickverbindung zwischen Malendem und Motiv.

Um die Augen herum die Flächen mit Wasser anfeuchten und anschließend eine aus den Grundfarben gemischte Grautönung einfließen lassen.

Tipp: Immer einmal wieder Grüntöne selbst mischen. Dadurch bekommt man ein genaueres Gespür für die Mischverhältnisse.

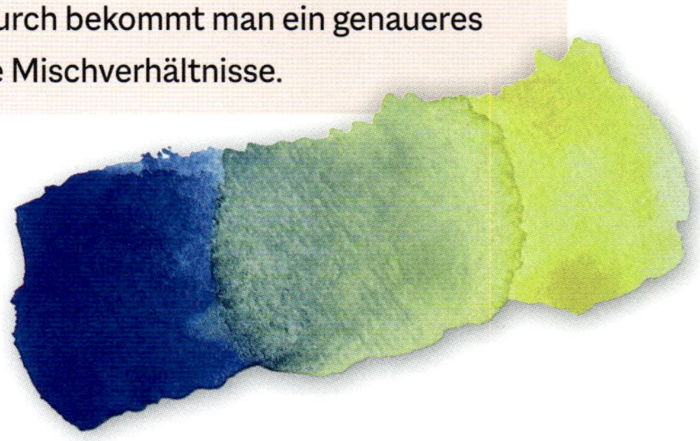

2. Schritt

Für tiefere Felleffekte flüssige Kohle mit den gemischten Grundfarben nehmen. Französisch Ultramarin hat die Eigenschaft, sich beim Farbauftrag immer wieder von den anderen gemischten Pigmenten zu trennen. Das ist meist ein Zufall, je nachdem, wie viel Wasser in der Anmischung enthalten ist. Gleichzeitig ist es aber auch ein schöner malerischer Effekt, der die Motive einzigartig macht.

Die Schnauze mit starker Dunkelheit betonen und etwas rötlich anlegen.

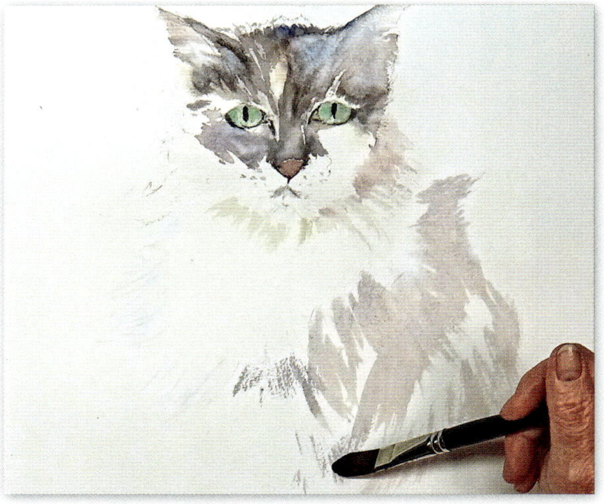

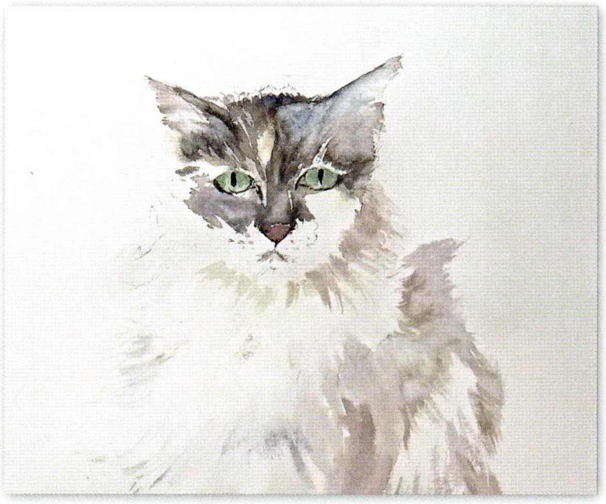

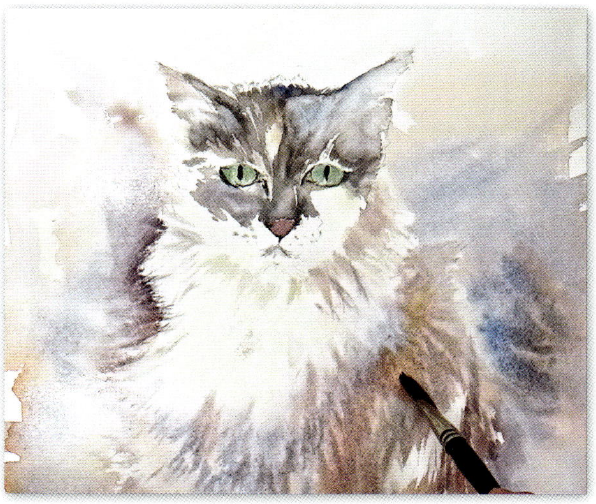

3. Schritt
Die Augen mit Dunkelheiten intensivieren.

Das lange Fell kann lasierend oder auch granulierend erarbeitet werden. Die Mischung beider Methoden macht das Motiv besonders ausdrucksstark. Für das Lasieren mit dem Pinsel dünne Farbe aufnehmen und die Fellstruktur flächig andeuten. Beim Granulieren mehr Pigment aufnehmen, das Wasser durch kurzes Zusammendrücken aus dem Pinsel entfernen und dann den Pinsel leicht über die raue Oberfläche ziehen. So entsteht der granulierende Effekt des Fells.

4. Schritt
Zur Lichtseite hin (links) das Fell heller gestalten. Die weißen Fellstrukturen durch darunterliegende Schatten leicht hervorheben. Den Pinsel für die Richtung des Fells im Winkel immer etwas anders ansetzen. Damit erhält der Katzenkörper seine Rundungen.

5. Schritt
Die Hintergrundfläche auch zackenförmig um den Körper mit Wasser anfeuchten. Die Farben vom Körper aus in die feuchte Fläche fließen lassen und nach außen lavieren. Auf der rechten Bildhälfte etwas Papierweiß als Lichtreflex stehen lassen.

Jetzt kann das Fell auf der rechten Seite nochmals mit etwas rötlicher Farbe intensiviert werden.

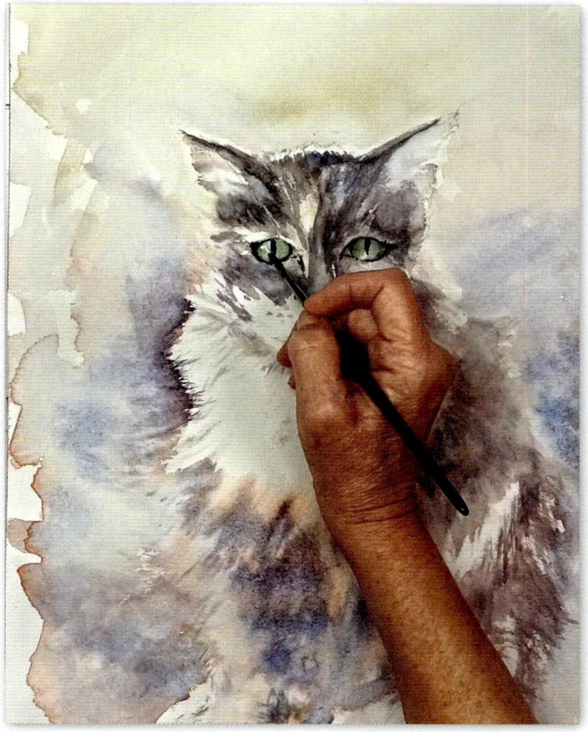

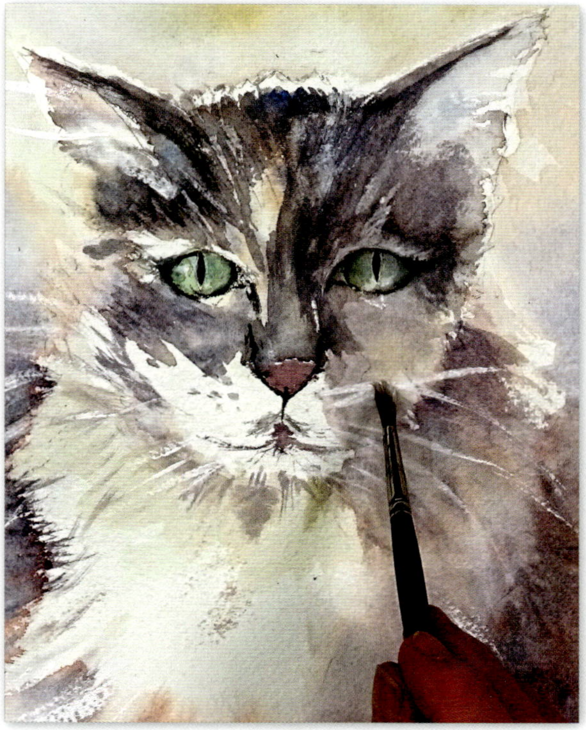

6. Schritt

Die Augen für einen stärkeren Ausdruck nochmals intensivieren. Mit reinem Titanweiß Lichtreflexe in die Augen setzen. Ein oder zwei helle Stellen lassen das Auge dreidimensionaler wirken.

Auch an diversen Fellstrukturen können weiße Lichtreflexe hier und da sinnvoll sein.

7. Schritt

Da bei dieser Katze die Schnurrhaare weiß sind, ist es schwierig, diese auszusparen. Drückt man aber einen kleinen Rundpinsel oder Linierer flach, werden die Striche sehr dünn. So lassen sich mit Titanweiß die Schnurrhaare schwungvoll aufmalen.

Mit einem Schlepper gelingen die Haare auch sehr fein. Probiere aus, mit welchem Pinsel du besser arbeiten kannst. Auch an den Ohren sind noch ein paar feine weiße Härchen zu setzen. Das Titanweiß nicht mit Wasser verdünnen, sonst wird der Farbauftrag zu milchig!

Tauben-Meeting

(Granulieren)

Material

Aquarellpapier rau, 26 × 36 cm,
z. B. Arches
Aquarellfarbe,
z. B. Winsor & Newton:
Französisch Ultramarin
Kadmiumzitronengelb
Indigo
Kadmiumrot
Vandyke Braun
Pinsel: Katzenzungenpinsel,
Linierer, Rundpinsel

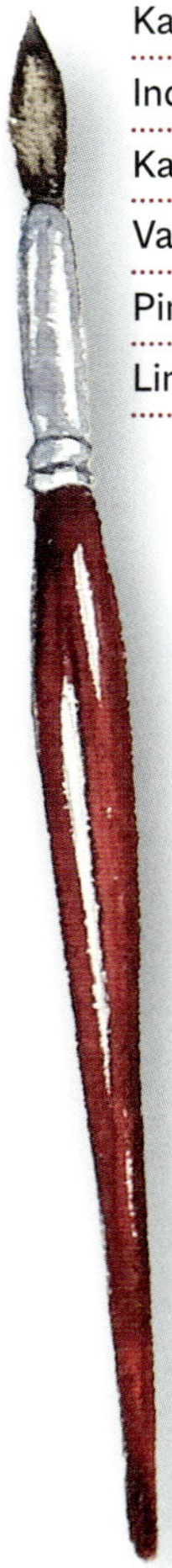

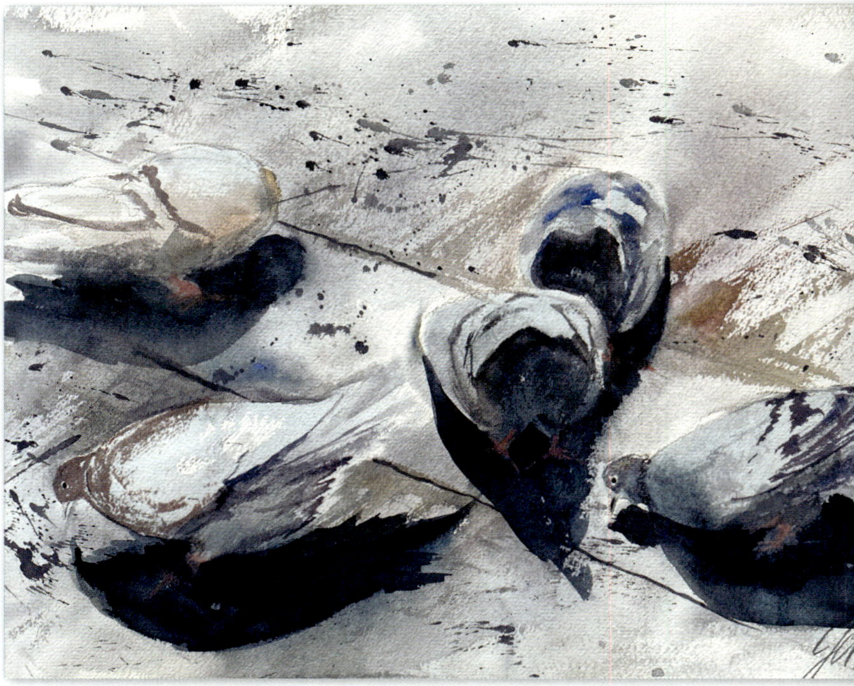

Hier sieht man sehr schön, wie die Struktur von Pflastersteinen mit dem Granuliereffekt dargestellt wird.

Malt man eine größere Anzahl von Tieren, so ist es spannender, eine ungerade Zahl zu wählen. Die Abstände zwischen den einzelnen Tieren sollten unterschiedlich sein, um mehr Spannung zu erzeugen.

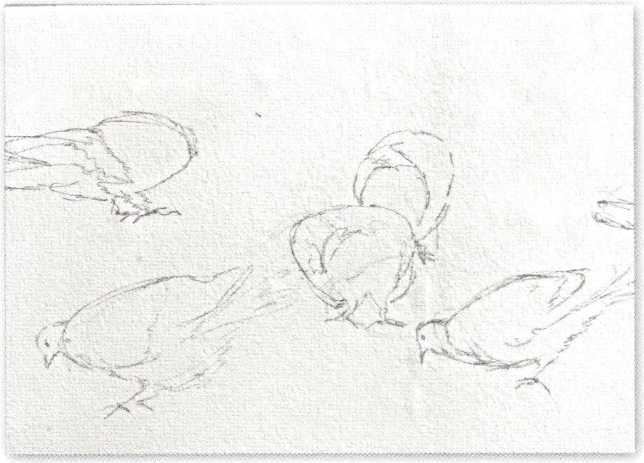

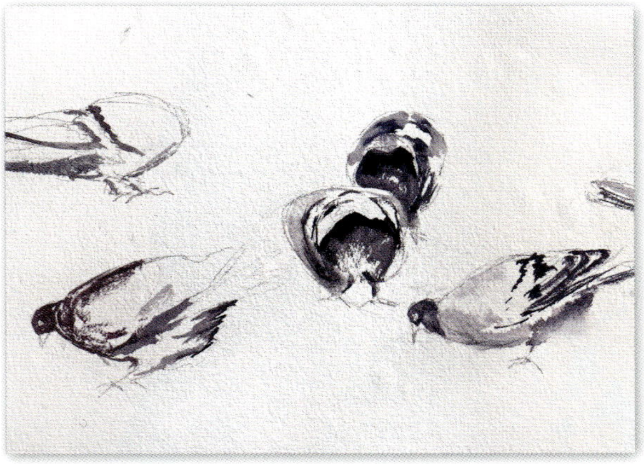

1. Schritt

Die Tauben spannungsreich auf dem Papier skizzieren. Durch die Negativflächen, die zwischen den einzelnen Tieren bleiben, kann man die Komposition gut abstimmen. Daher sollten alle Zwischenflächen unterschiedlich groß sein. Leider neigt man dazu, die Abstände immer gleich zu machen. Gerne auch z. B. zwei Tauben hintereinander setzen oder eine am Blattrand anschneiden.

2. Schritt

Die Tauben mit einer Mischung aus Indigo und Vandyke Braun kolorieren und strukturieren. Mal mehr Braun, mal mehr Blau verwenden und teils mit verdünnten Lasuren verdichten.

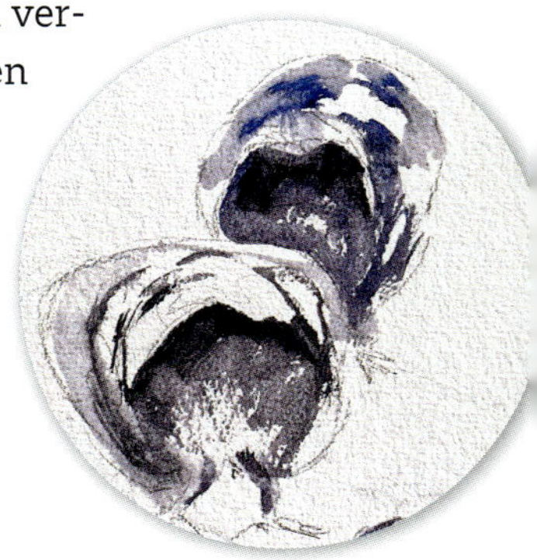

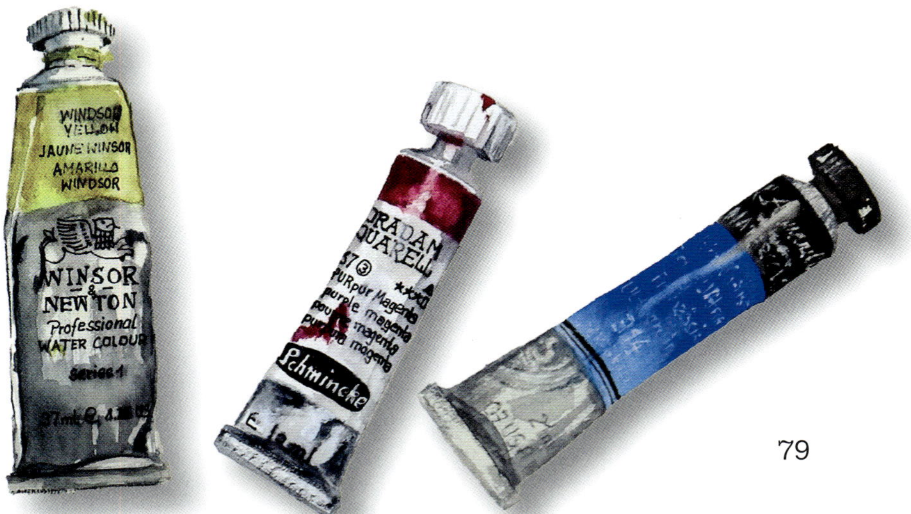

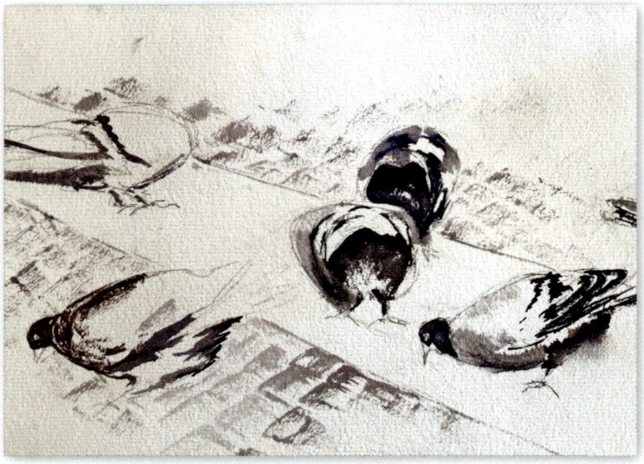

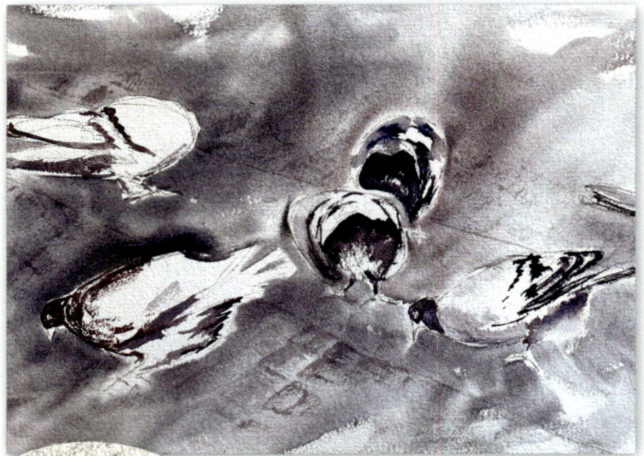

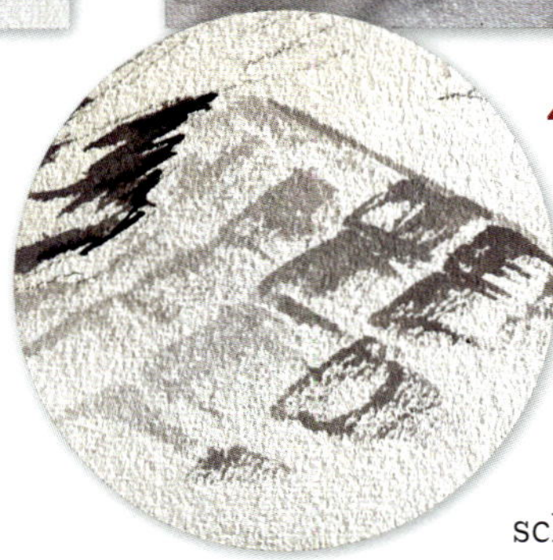

3. Schritt

Mit der gleichen Farbmischung die Pflastersteine in diagonalem Verlauf granulieren. So bekommen die Steine eine Struktur. Nach außen hin die Struktur vernachlässigen, so bleibt der Fokus des Motivs erhalten.

4. Schritt

Die Hintergrundfläche mit einer Lasur flächiger gestalten. Wenn der Farbauftrag getrocknet ist, kommen die Pflastersteine wieder leicht zum Vorschein.

Beim Auftrag kann großzügig gearbeitet werden. Einige zufällige Flächen bleiben frei. Damit verbinden sich diese mit den weißen Flächen auf den Tauben und machen das Motiv harmonisch.

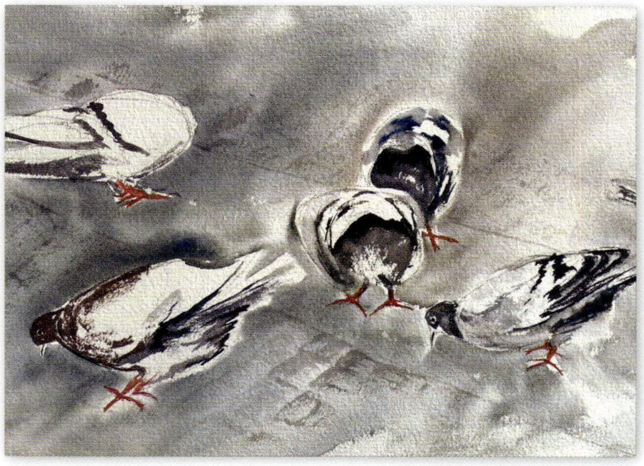

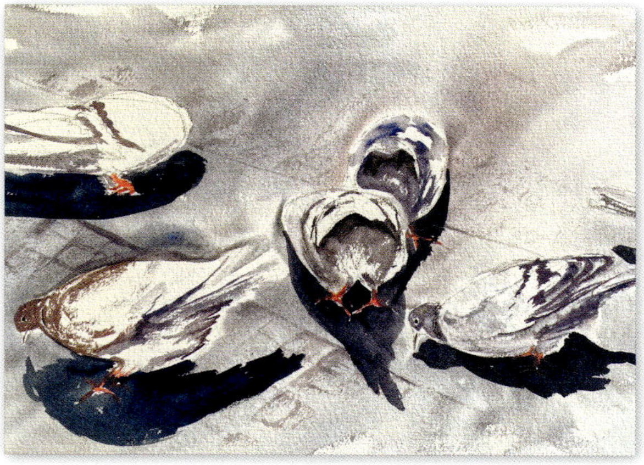

5. Schritt

Jetzt werden die Füße der Tauben mit einem leuchtenden Kadmiumrot versehen. So erhalten die Tauben einen stabilen Stand auf der Fläche.

6. Schritt

Jetzt mit einer starken Pigmentierung aus Indigo und Vandyke Braun starke Schatten unter die Tiere malen, um so Licht ins Bild zu bringen. Auch macht der Schatten die Stellungen der Tauben deutlicher. Ein paar Farbspritzer über das Bild verteilen. Das deutet verstreutes Futter an, und damit wirkt der Boden noch lebendiger.

Auch ein paar Lasuren in verschiedenen Mischungen aus Französisch Ultramarin, Alizarinkarmesin und Kadmiumzitronengelb teils über die Tauben und teils über den Boden legen. Sie machen die Verbindung von Gegenstand zu Hintergrund weicher.

Leuchtende Türme

(Nass-in-nass-Technik)

Material

Aquarellpapier matt, 30 × 40 cm,
z. B. Leonardo Echt-Bütten
Aquarellkarton, Hahnemühle
Aquarellfarben,
z. B. Mijello Mission Gold:
Ultramarinblau
Zitronengelb
Permanent Rosa
Schattenviolett
Pinsel: Flachpinsel, Linierer,
Schlepper

Im Abendlicht leuchten die Türme der Stadt. Welch ein Augenschmaus einer Stadtansicht! Durch das Verfließen der Farben in der Nass-in-nass-Technik erhält das Motiv einen sensationellen Abendhimmel. Als Kontrast dienen dunkle Baumstrukturen, die das Bild noch mehr leuchten lassen.

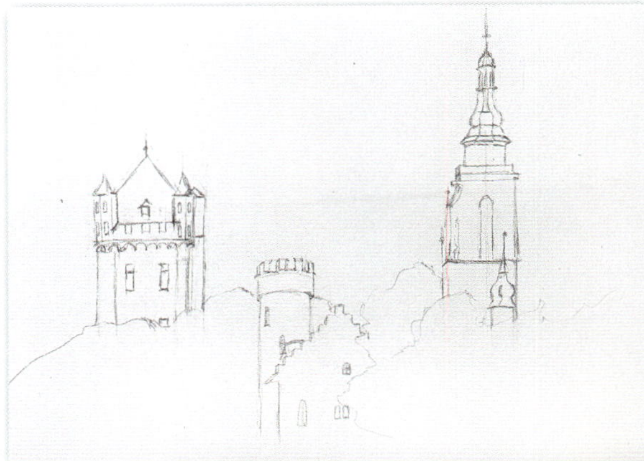

1. Schritt
Zuerst den Kirchturm rechts im Goldenen Schnitt mit Bleistift skizzieren. Anschließend die beiden weiteren Türme vorzeichnen. Die Silhouetten der Bäume werden nur ganz grob als Orientierungshilfe angerissen.

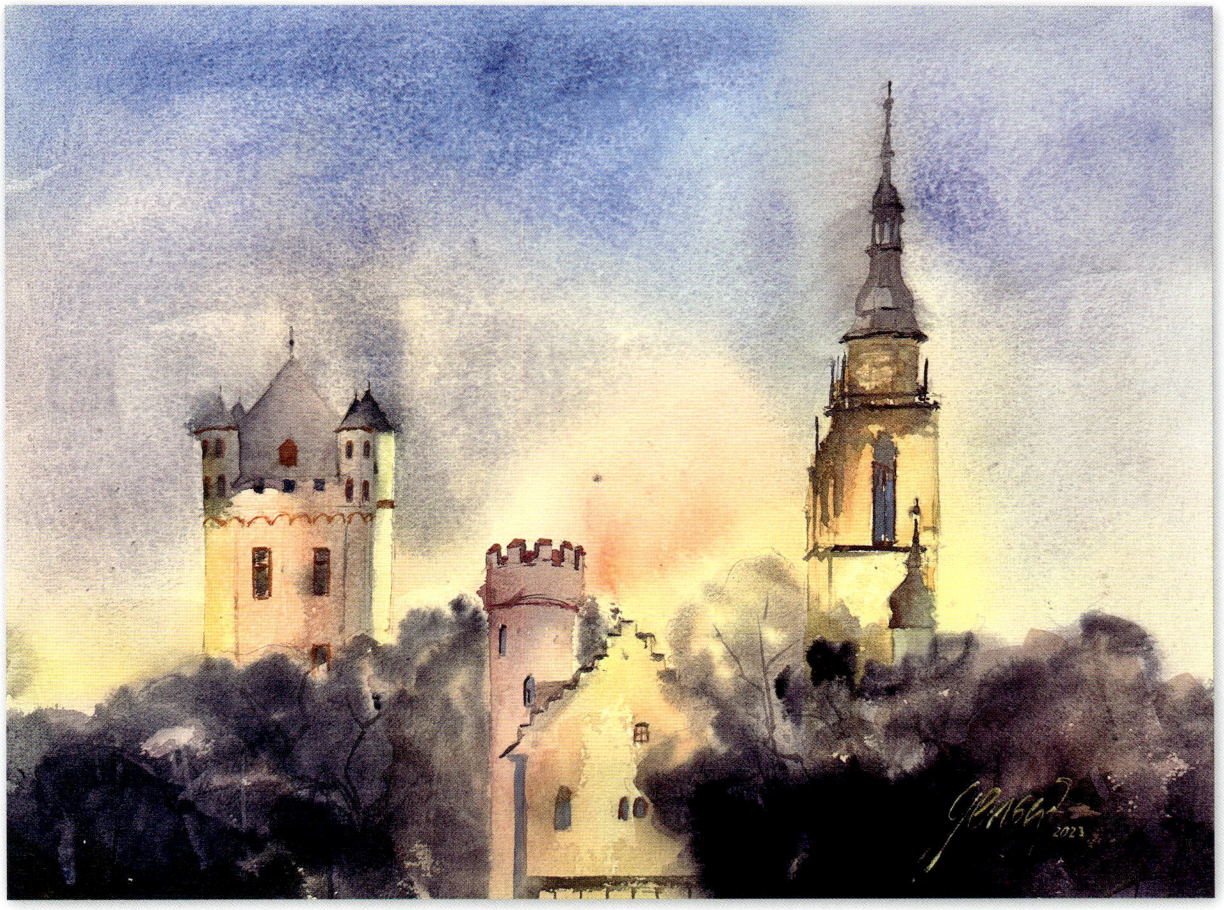

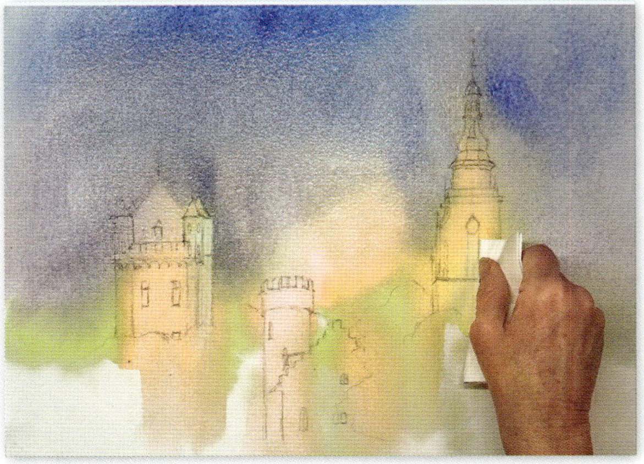

2. Schritt

Die Fläche für den Himmel mit Wasser anfeuchten. Etwas einwirken lassen und dann als erstes Zitronengelb hinein aquarellieren. Als Nächstes einen Lachston aus Zitronengelb und Permanent Rosa mischen und diesen oberhalb der gelben Fläche auftragen. Die restliche Fläche bis zum oberen Blattrand mit Ultramarinblau anlegen. Solange die Farben noch nass sind, das Papier leicht kippen. So laufen die Pigmente etwas zum oberen Rand und lassen einen wunderschönen Abendhimmel entstehen.

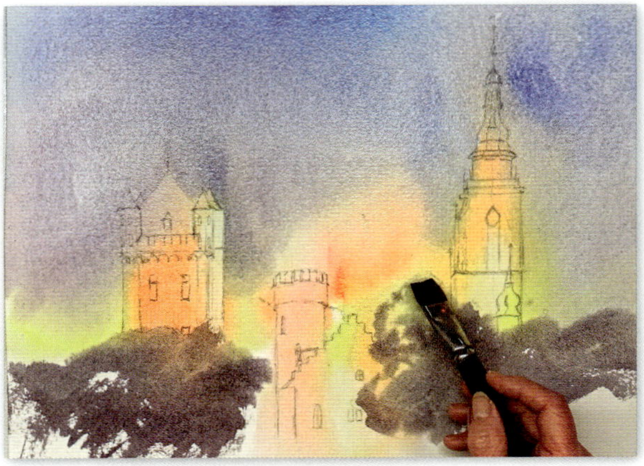

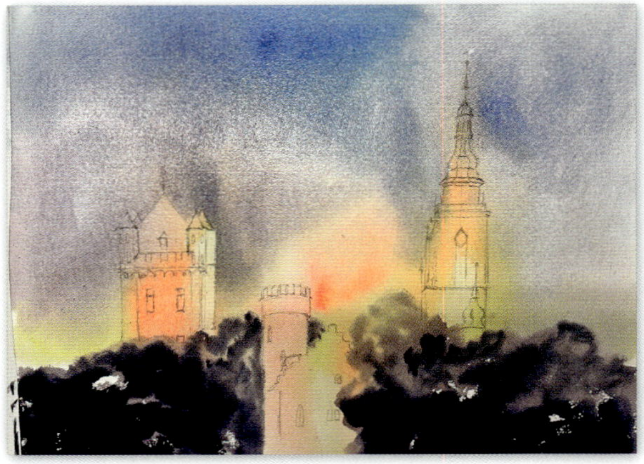

3. Schritt

Sobald der Himmelsbereich etwas getrocknet ist, also nicht mehr so sehr glänzt, können die Baumkronen mit Schattenviolett in den Vordergrund aquarelliert werden. Dabei großzügig und flächig malen. Hier und da kleinere weiße Flächen freilassen, damit die Baumkronen natürlich wirken.

4. Schritt

Um die Dunkelheit der Bäume entsprechend intensiv darzustellen, sind zwei Farbaufträge nacheinander nötig. Den ersten Auftrag gut trocknen lassen und den zweiten Farbauftrag etwas nach unten versetzt anlegen. So erhält diese Fläche zwei Ebenen, wodurch die Bäume eine räumliche Wirkung erhalten.

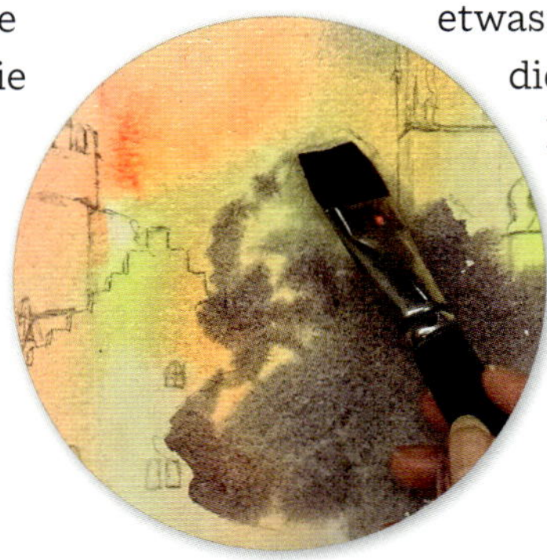

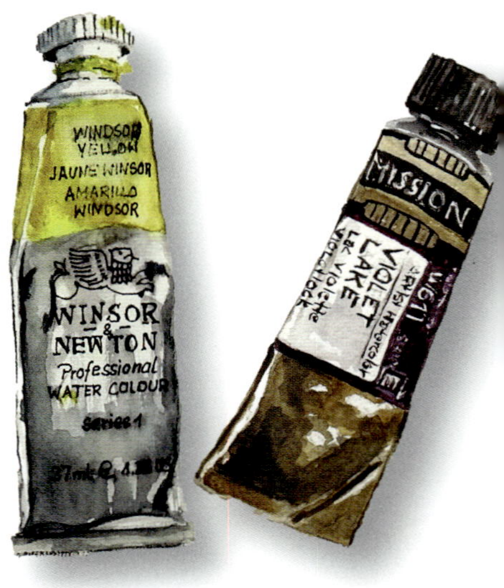

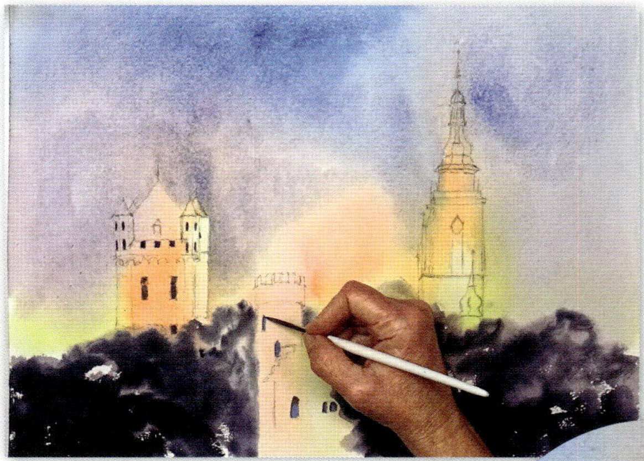

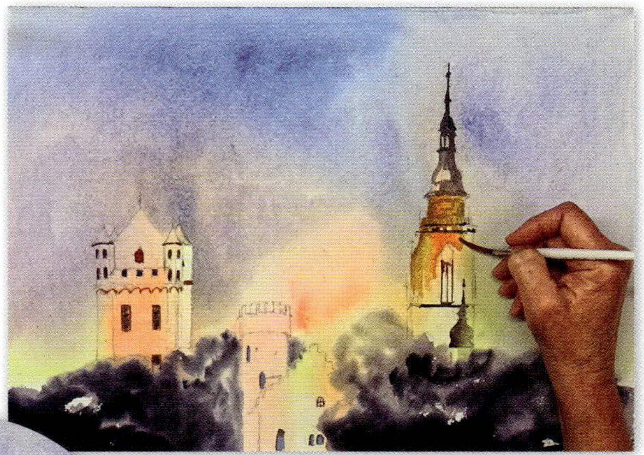

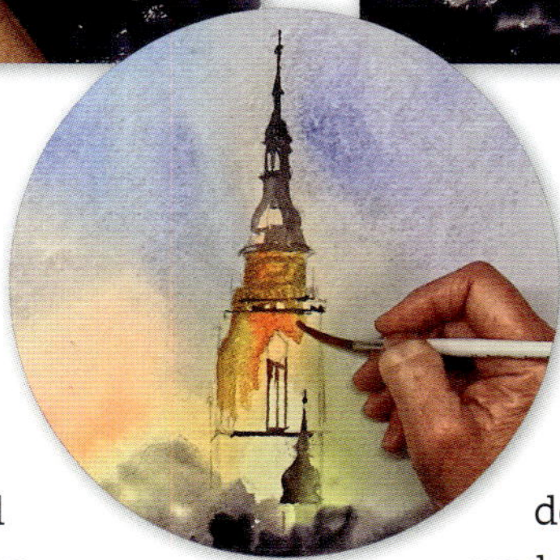

5. Schritt

Nach dem Trocknen können die Fenster in den Gebäuden ebenfalls mit Schattenviolett gefüllt werden. Kleine Linien und Flächen als Details formen die Türme malerisch. Gerade Dachspitzen und Rundungen sollten immer mit etwas Überstand gemalt werden, denn das bringt das Typische dieser alten Bauweise zum Ausdruck.

6. Schritt

Die Fassaden mit abgetönten Lasuren in einer Mischung aus Ultramarinblau, Zitronengelb und Permanent Rosa intensivieren. So wirkt das Licht im Himmel heller und auf den Objekten farbiger. Die Turmspitzen und die Dächer leicht mit Schattenviolett vom Hintergrund abheben. Kleine Details wie Turmzacken, Fensterrahmen und Verzierungen mit einer anderen Farbmischung betonen. Zum Schluss mit der dunklen Baumfarbe in den Bäumen dünne Äste als Verbindungslinien locker andeuten.

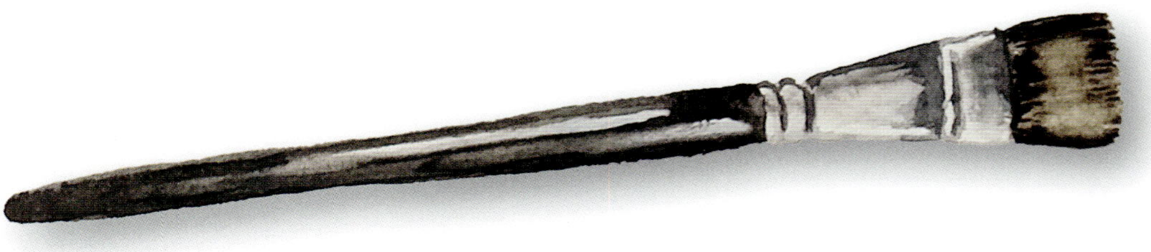

Säulen & Skulptur

(Reservierungstechnik mit Wachs)

Material

Aquarellpapier rau,
29,7 × 42 cm, z. B. Arches
Aquarellfarben,
z. B. Winsor & Newton:
Payne's Grau
Chinacridongold
Perylengrün
Kerzenwachs
Pinsel: Flachpinsel, Linierer,
Rundpinsel

In weitläufigen Parks zu wandeln und die historischen Steinskulpturen malerisch einzufangen, ist ein ganz besonderes Erlebnis. Dabei ist Kerzenwachs ein gutes Hilfsmittel für die porösen Steinstrukturen der schönen historischen Säulen. Bei der Darstellung der Skulpturen empfiehlt sich ein Entwurf auf Transparentpapier. Überträgt man ihn durch Pausen auf das Aquarellpapier, wird dieses nicht durch Radierspuren verletzt.

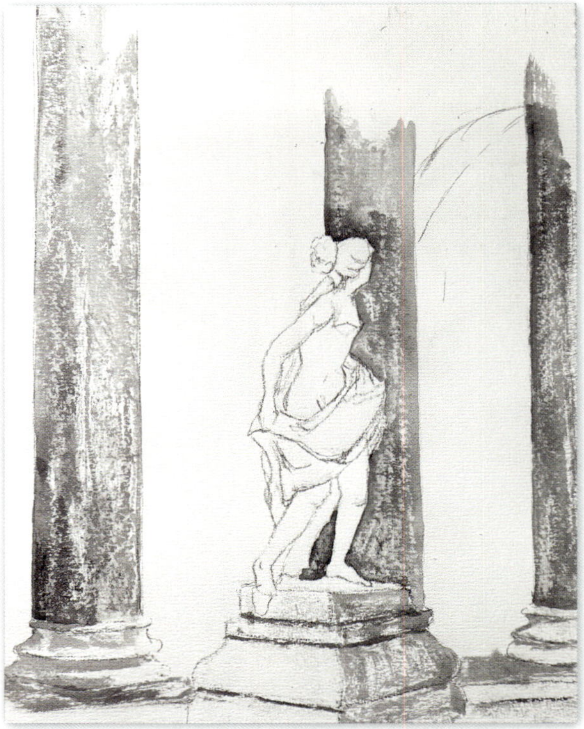

1. Schritt

Zunächst die Statue auf Transparentpapier skizzieren und durch Pausen auf das Aquarellpapier übertragen. Dann die Säulen mit ihren Sockeln vorzeichnen.

Die Steinflächen zunächst mit Kerzenwachs bearbeiten. Anschließend mit Payne's Grau die Säulen und den Sockel der Statue aquarellieren.

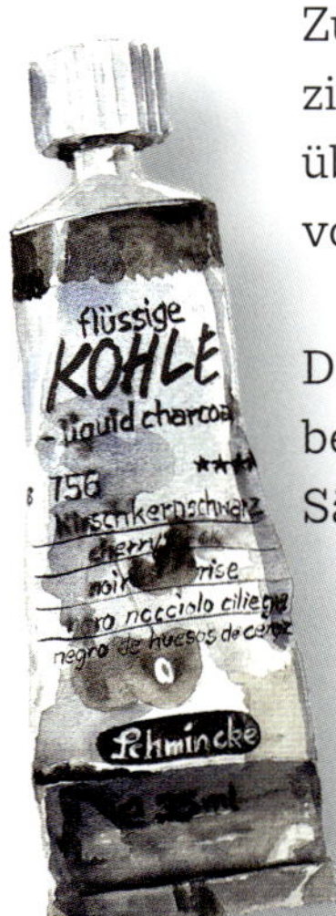

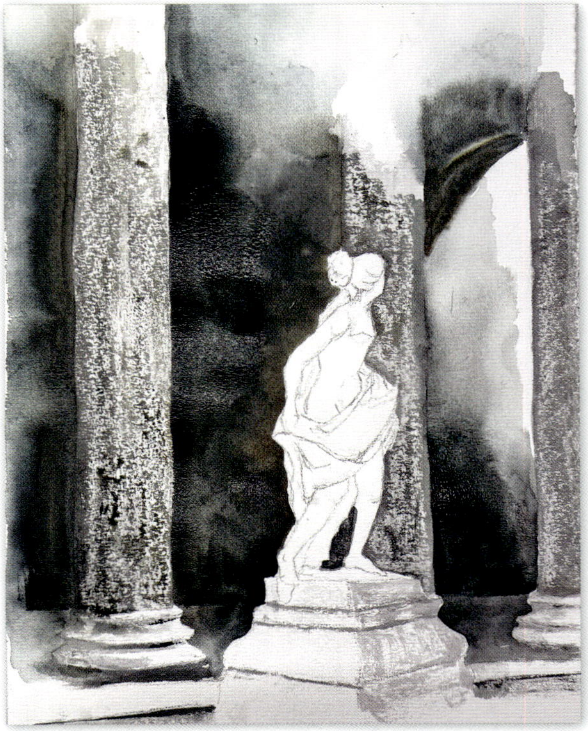

2. Schritt
Die Hintergrundfläche anfeuchten und mit einer dunklen Farbe, hier mit einem schattigen Grünton, gemischt aus Perylengrün, Payne‘s Gray und etwas Chinacridongold, malerisch füllen. Die Farbe lasierend auslaufen lassen.

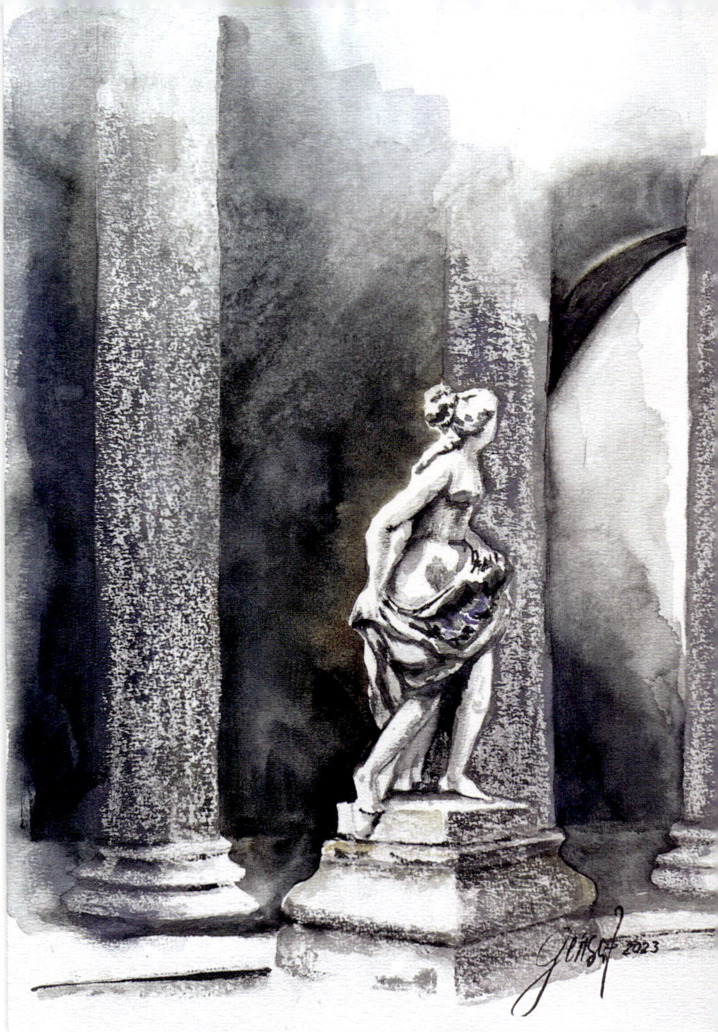

3. Schritt und Bild
Die Statue mit der Hintergrundfarbe vorsichtig granulierend ausarbeiten. Dabei vorwiegend die schattigeren Partien mit Farbe versehen. So bekommt die Skulptur eine Licht- und eine Schattenseite.

Anschließend die Säulen durch Schatten runder modellieren.

Malen auf Reisen

(Aquarellieren vor dem Motiv/sehen lernen)

Material

Aquarellpapier rau, 29,7 × 42 cm,
z. B. Fontaine, Clairefontaine
Aquarellfarben, z. B. Schmincke:
Kadmiumrot hell
Alizarin-Karmesin
Französisch Ultramarin
Coelinblauton
Indigo
Lasur Ocker
Vandyckbraun
Lampenschwarz
Pinsel: Katzenzungenpinsel,
Linierer, Flachpinsel

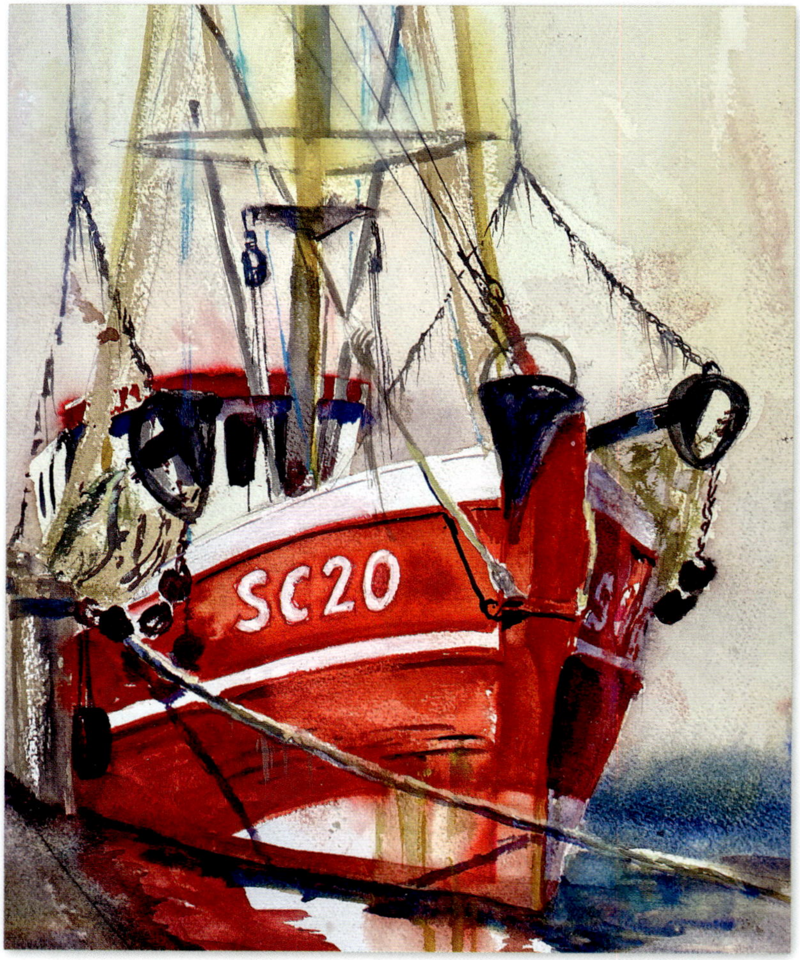

Watercolor auf Reisen ist ein ganz besonderes Highlight. Für den Anfang sucht man sich ein ruhiges, schattiges Plätzchen aus.

Das Tollste am Malen direkt vor dem Motiv ist die Erfahrung, dass man jedes einzelne Detail besser wahrnehmen kann, was auf einer Fotografie nicht so genau zu sehen ist.

Allerdings können viele Details, wie hier die Seile und Aufbauten des Bootes, verwirrend sein. Hier genügt es, nur die wichtigsten Elemente zu malen, denn unsere Vorstellung ergänzt den Rest von selbst. Hier reichen also der rote Schiffskörper, das Ruderhaus und einige Masten mit angedeuteten Seilen völlig aus für eine schöne Reiseimpression.

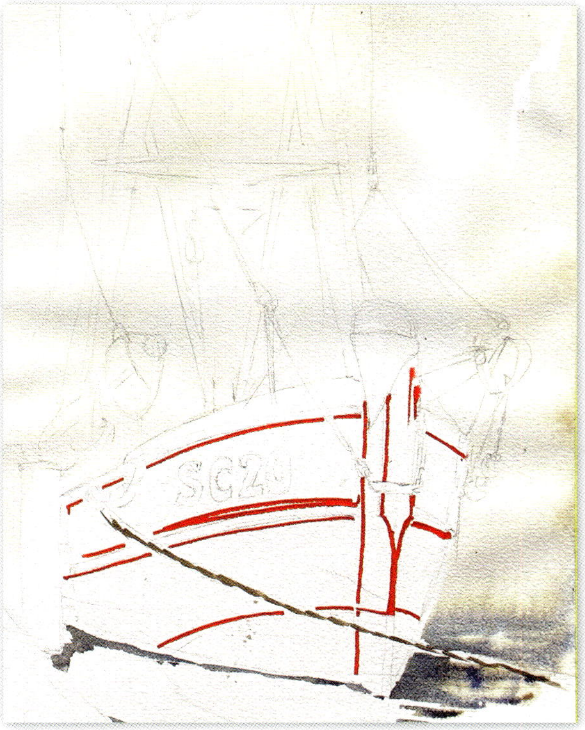

1. Schritt

Mit einem Bleistift die Form des Bootes, die Zahl an der Seite und den Aufbau sowie die Takelage grob andeuten. Anschließend die Grundlinien für die roten Flächen am Boot setzen. So kann man die weißen Flächen gut aussparen und hat einen Überblick über das Motiv. Auf der Wasseroberfläche mit etwas lasierendem Indigo die Spiegelung des Schiffsrumpfes aussparen. Die Himmelsfläche mit einer Lasur aus Lasur Ocker andeuten.

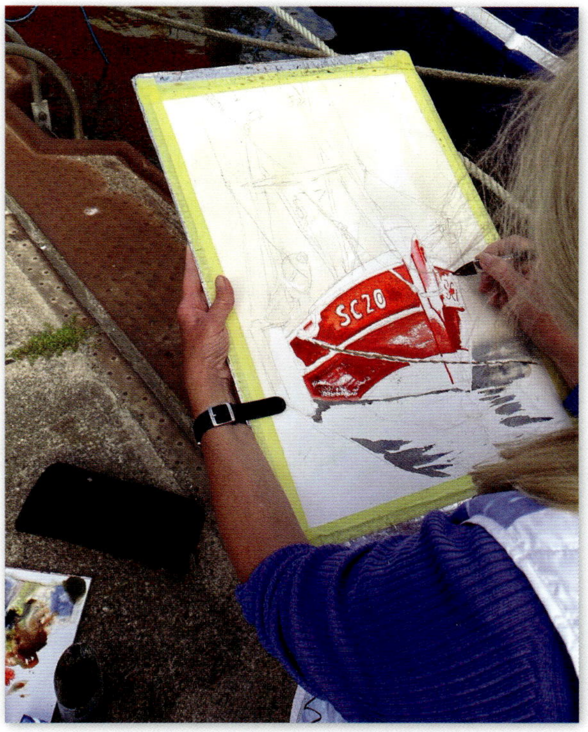

2. Schritt

Mit einem leuchtenden Kadmiumrot hell die Seitenwände des Bootes aquarellieren. Dabei auf die Trockenheit des Untergrunds achten. Also die mit einer Lasur feucht angelegte Fläche des Himmels erst trocknen lassen, damit die rote Farbe der Bootswände nicht dorthin ausblüht. Manchmal setzt man diese Möglichkeit aber auch bewusst ein, um aquarellige Effekte zu erzielen, wie später im dritten Schritt.

Tipp: Für das Malen im Freien bastle ich mir aus Karton eine Mappe. Darin transportiere ich dann zwei bis drei Aquarellpapiere und klebe sie bei Bedarf außen auf die Mappe. Diese lege ich dann zum Arbeiten auf meine Knie. Wie das ganz einfach geht, siehst du hier: https://www.youtube.com/watch?v=24PaBQOvOxs

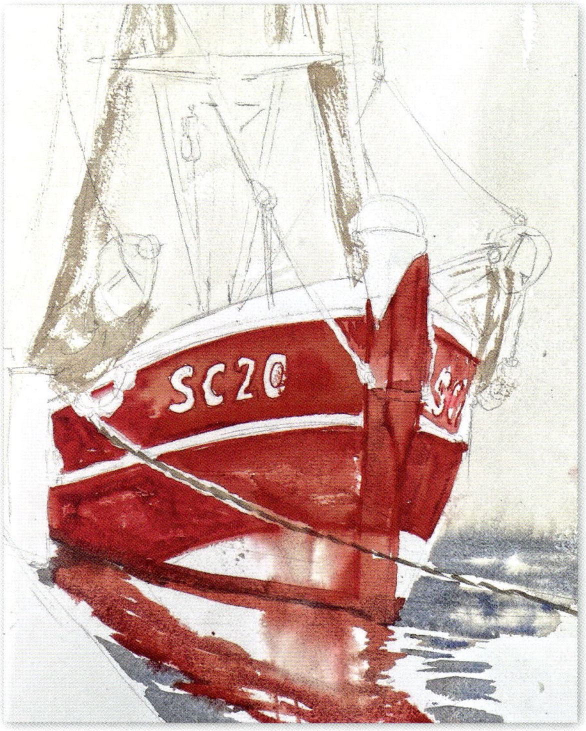

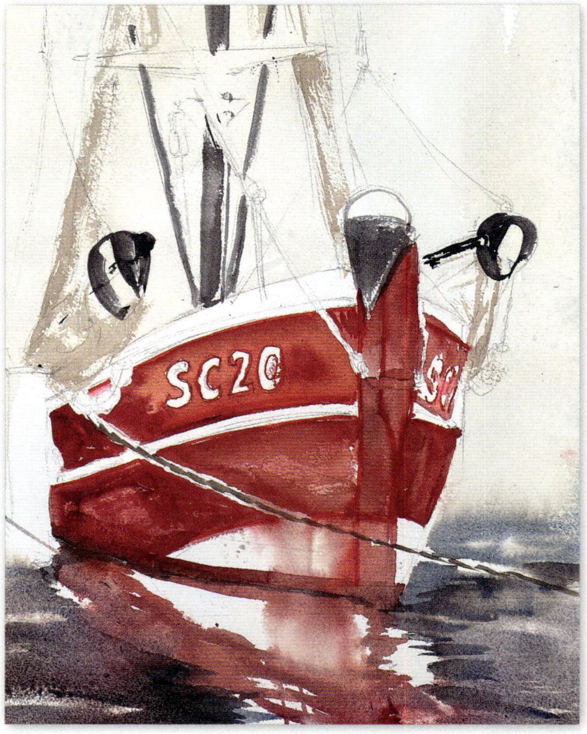

3. Schritt

Die Spiegelung des Bootsrumpfs auf dem Wasser mit der roten Farbe andeuten. Die rote Fläche des Rumpfs zum Teil mithilfe einer feinen Sprühflasche mit Wasser besprühen, damit die Farbe lebendig in den weißen Bereich verläuft. Anschließend die Fläche ruhen lassen und im oberen Bildbereich weitermalen.

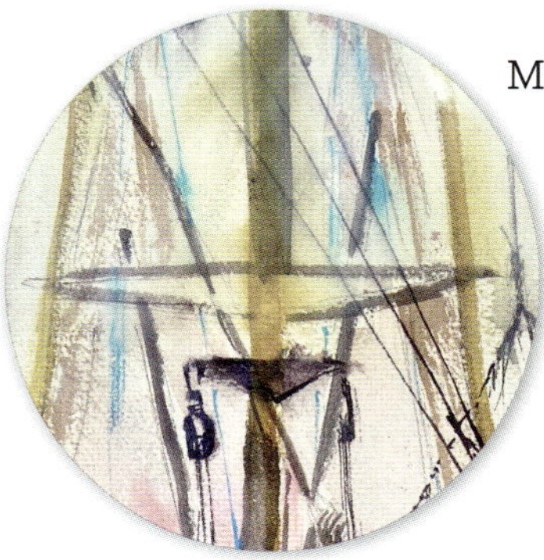

Mit etwas Lasur Ocker den Schiffsaufbau ausarbeiten. Die Masten granulierend malen, so wirken sie leichter und luftiger.

4. Schritt

Jetzt die dunkleren Schiffsteile füllend bearbeiten. Mit weiteren, unterschiedlichen Farben alles andere etwas andeuten. Anschließend mit der Sprühflasche mit Wasser besprühen. Da ich die Bezeichnungen der Teile auf dem Fischkutter nicht genau kenne, male ich sie nur ab. Außerdem ist der rote Schiffsbug der Hauptteil des Motivs, und der Aufbau muss nicht so genau ausgearbeitet werden. Es genügen ungefähre Andeutungen. Durch das Besprühen mit der Sprühflasche verläuft die Farbe, und der Aufbau wird sehr malerisch und ergänzt das Gesamtmotiv. Die wichtigsten Teile sind angelegt und jetzt kann individuell nachgesetzt werden. Die Wasseroberfläche wird noch intensiviert.

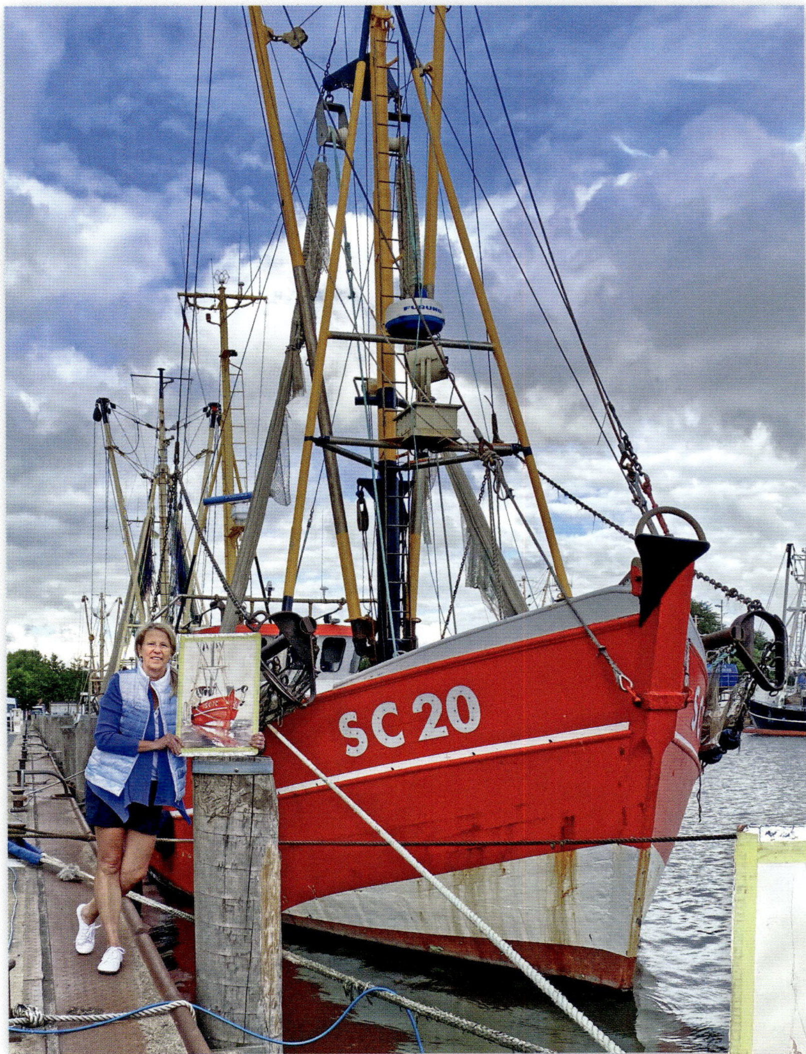

Bild am Motiv
Je nachdem, wie weit man das Bild vor Ort ausarbeiten kann, ist es hilfreich, ein Foto des Motivs für spätere weitere Ausarbeitungen im Atelier zu machen.

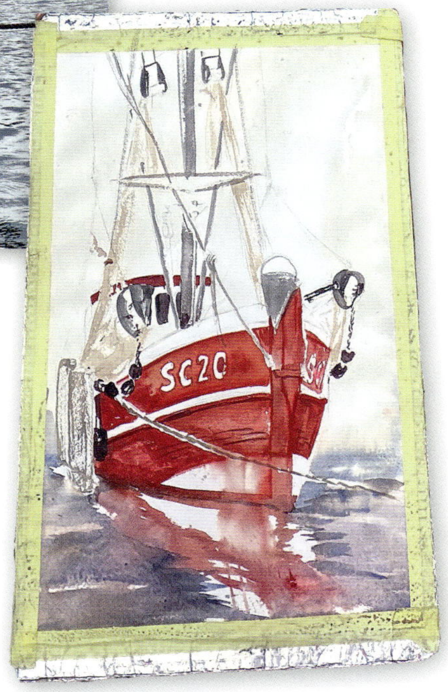

Mein Venedig

(Aquarellieren vor dem Motiv/Malen mit wechselndem Lichteinfall)

Material

- Aquarellpapier rau, 46 × 61 cm z. B. Lana, Hahnemühle
- Aquarellfarben, z. B. Schmincke:
- Permanent Karmin (für die Skizze)
- Kadmiumgelb hell
- Alizarin-Karmesin
- Coelinblauton
- Französisch Ultramarin
- Indigo
- Vandyckbraun
- Flüssige Kohle Kirschkernschwarz
- Pinsel: Linierer, Flachpinsel

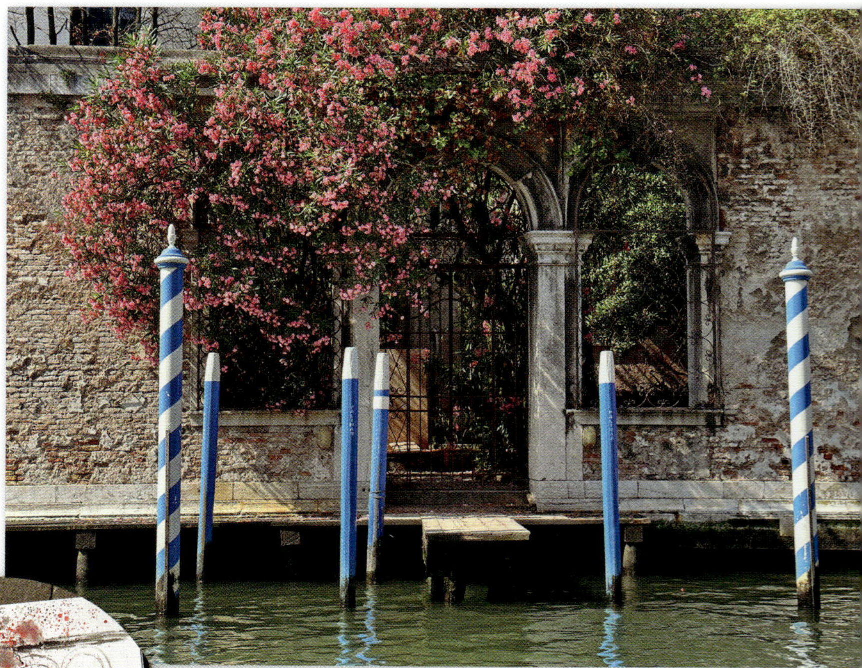

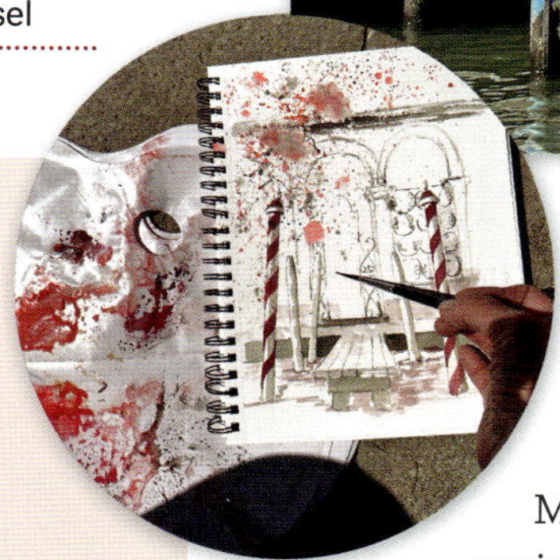

Tipp: Vielleicht möchtest du dir den Ort einmal ansehen, wenn du dort bist. Wenn ich auf Reisen bin, suche ich manchmal die Orte, wo Aquarellbilder von anderen Malern entstanden sind. Gerade in Venedig finde ich das toll.

Ein wunderbares Motiv, das von der Fondamenta Bonlini im Stadtteil Dorsoduo zu sehen ist.

Da die Sonneneinstrahlung mir nur wenig Zeit zum Malen erlaubte, fertigte ich eine schnelle Skizze in meinem Reisebuch an. Damit habe ich mein Motiv kennengelernt und etwas studiert. Da ich gerne monochrom male, skizzierte ich das Bauwerk in einem gemischten Grauton. Für die Blüten verwendete ich Permanent Karmin, das ich dann stärker in die Paline (Pfähle) gesetzt habe. Auch den Winkel der Paline habe ich malerischer gestaltet, da es mir so besser gefällt.

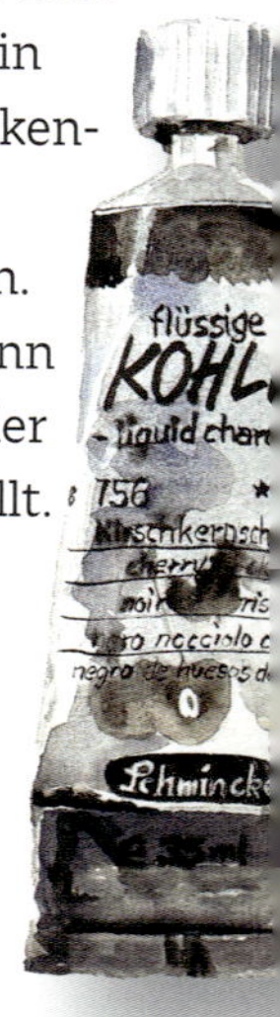

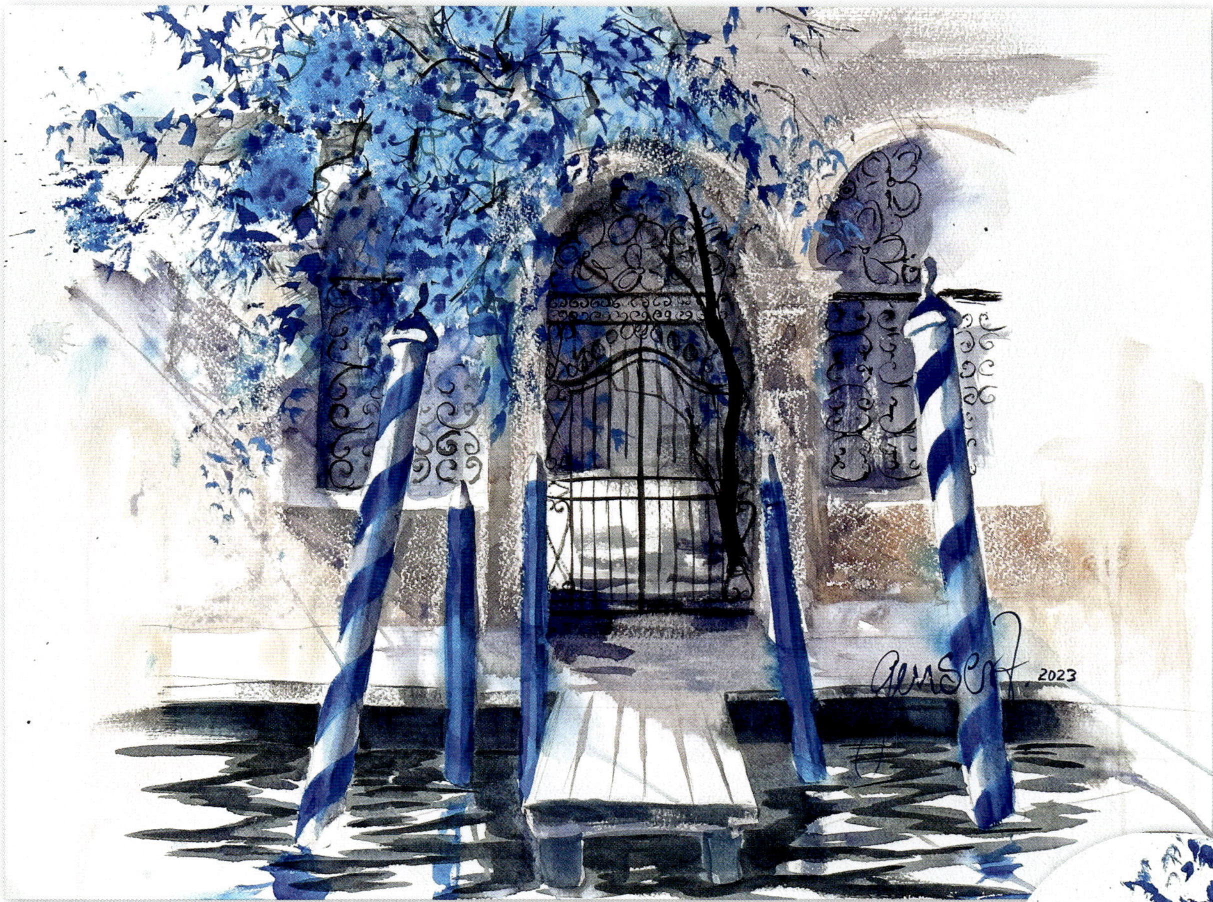

Fertiges Bild

Da mir das Motiv so gut gefallen hat, habe ich es noch einmal auf ein größeres Aquarellpapier gemalt. Diesmal habe ich als Hauptfarbe ein Blau ausgewählt, ähnlich wie das der Paline auf dem Originalfoto.

Für die Harmonie habe ich auch die Blüten in dieser Farbe angelegt.

Tipp: Blätter kann man sehr gut mit geknäulter Klarsichtfolie auftupfen. Damit wird der Farbauftrag unregelmäßig und spannungsreich.

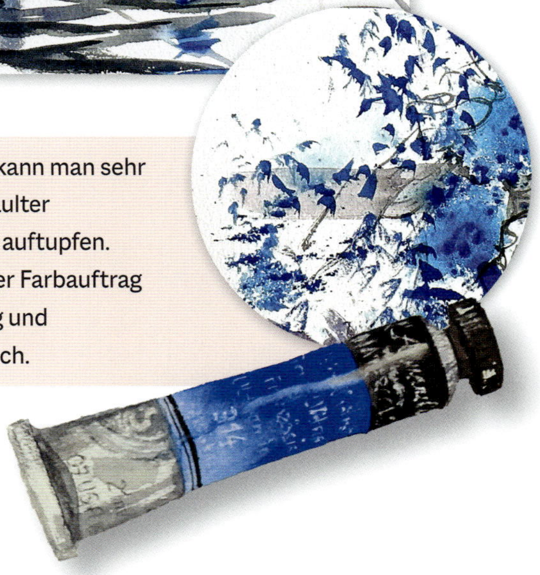

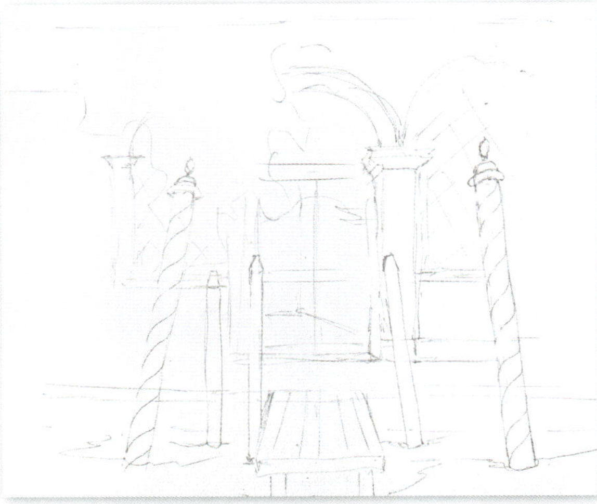

1. Schritt

Das Motiv mit einem Bleistift mittig auf das Aquarellpapier skizzieren. So kann das Motiv nach außen aufgelöst gemalt werden. Eine weiße Kerze, z. B. ein großes, halbiertes Teelicht, leicht über die Fläche für das Mauerwerk reiben. Dadurch nimmt die Fläche nicht überall Farbe an und erhält so nach dem Farbauftrag eine Struktur. Mit einem aus Alizarin-Karmesin, Kadmiumgelb hell und ganz wenig Französisch Ultramarin gemischten Terracotta-Ton das Mauerwerk aquarellieren.

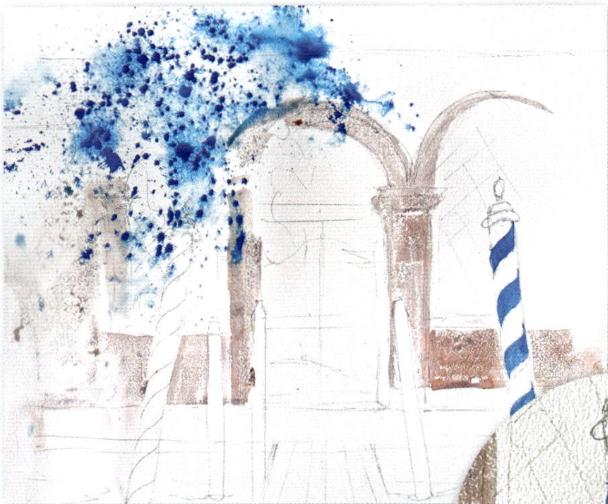

2. Schritt

Ein Stück Klarsichtfolie zusammenknüllen und damit die blauen Blüten mit einer Mischung aus Coelinblauton und Französisch Ultramarin auftupfen. Mit Pinselspritzern nach außen hin dynamisch ergänzen. Den ganzen Farbauftrag vorsichtig mit einer Wassersprühflasche bearbeiten. Damit bekommt die Fläche einen aquarelligen Farbverlauf. Der Pfahl im trockenen Bereich kann nun seine Streifen bekommen.

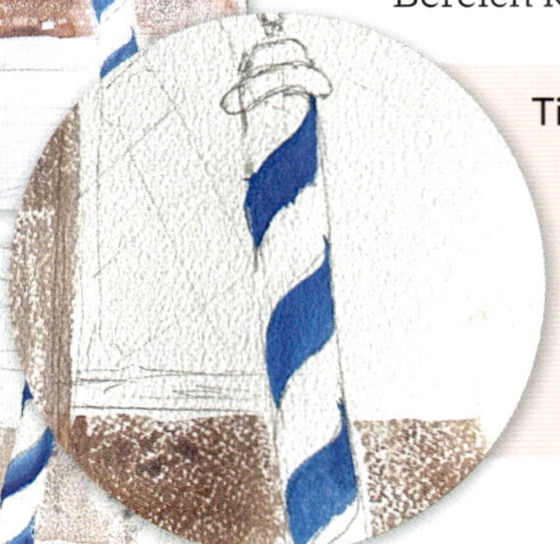

Tipp: Die diagonalen Streifen mit einer ganz dünnen Linie am Rand beginnen, über die Rundung zur anderen Seite ziehen und wieder als dünnen Strich auslaufen lassen. Eine Probe auf Schmierpapier ist zu empfehlen.

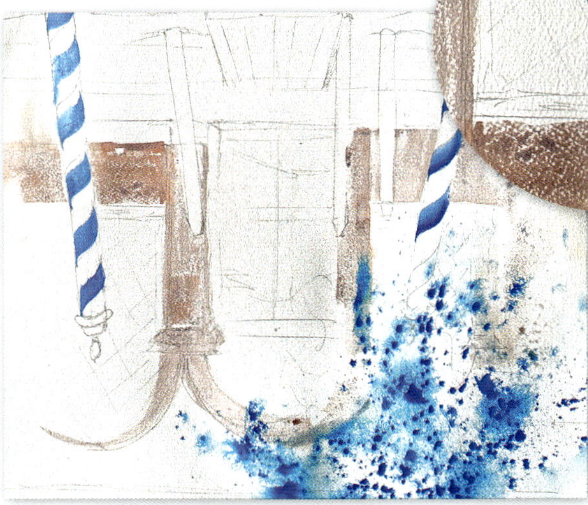

3. Schritt

Für den zweiten Pfahl, der ebenfalls diagonal gestreift ist, wendet man am besten das ganze Blatt. So ist es einfacher, die S-förmigen Farbflächen anzulegen, und das Handgelenk wird entlastet.

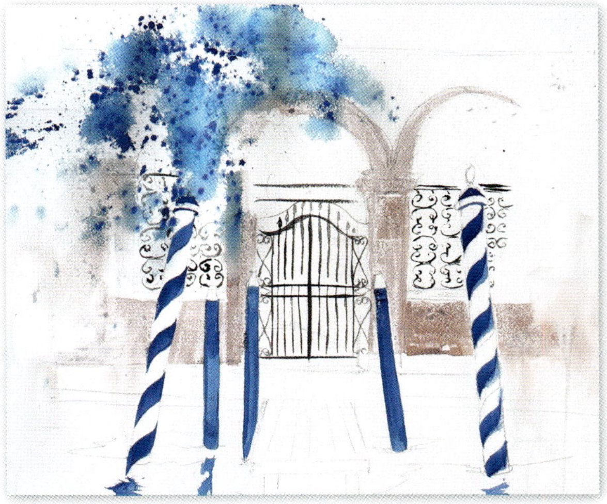

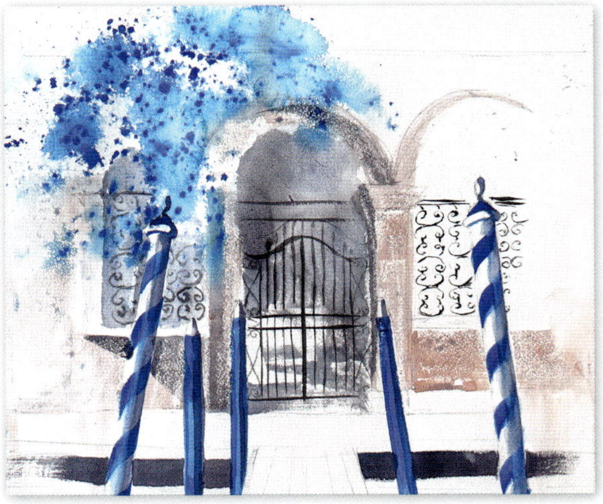

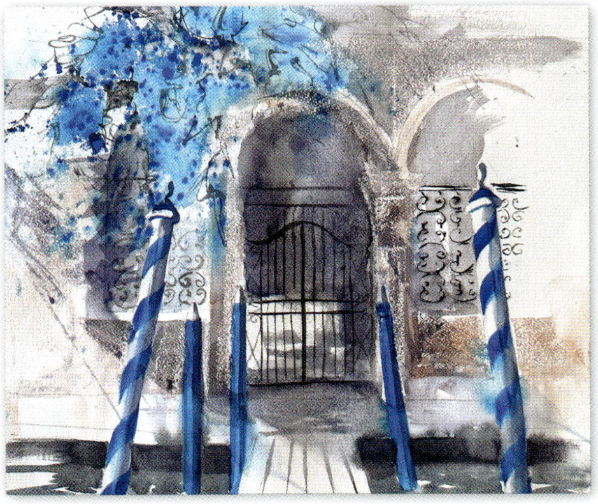

4. Schritt

Die restlichen Pfähle können flächig ausgearbeitet werden. Als nächstes mit der Farbe die Spiegelung auf die bewegte Wasseroberfläche auftragen. Das Eisentor mit flüssiger Kohle und einem Linierer zeichnerisch gestalten.

5. Schritt

Mit einer Schattenfarbe aus Indigo und etwas Vandyckbraun die Schatten hinter das Metallgitter setzen. Dabei im unteren Bereich kleinere Flächen aussparen. So bekommt die Fläche hinter dem Tor Räumlichkeit.

Den Schatten unterhalb des Steges vor dem Tor sehr dunkel aquarellieren. So wird das Bild immer spannungsreicher. Mit der Restfarbe die Pfähle auf der rechten Seite mit Schatten belegen, da der Lichteinfall von links kommt.

6. Schritt

Weitere Schatten etwas dünner unter den überhängenden Busch auf die Mauer malen. Immer etwas diffus arbeiten, damit es nicht so hart wirkt. Jetzt noch etwas Bewegung auf das Wasser malen und zum unteren Rand auslaufen lassen.

Die Farbe partiell mit der Sprühflasche noch einmal anlösen. So verläuft die Farbe der Pfähle etwas und wird noch aquarelliger.

Impressum

Illustrationen & Fotos: Anja Gensert
Verantwortlich: Maria Möllenkamp
Produktmanagement, Lektorat: ZweiKonzept GbR
Layout: Marcus Taeschner, A flock of sheep
Umschlaggestaltung: Mathias Frisch
Repro: LUDWIG:media
Herstellung: Julia Hegele
Printed in Türkiye by Elma Basim

Unser komplettes Programm finden Sie unter

www.christophorus-verlag.de

★★★★★

Sind Sie mit diesem Titel zufrieden? Dann würden wir uns über Ihre Weiterempfehlung freuen. Erzählen Sie es im Freundeskreis, berichten Sie Ihrem Buchhändler oder bewerten Sie bei Onlinekauf. Und wenn Sie Kritik, Korrekturen, Aktualisierungen haben, freuen wir uns über Ihre Nachricht an: Christophorus Verlag, Postfach 40 02 09, D-80702 München oder per E-Mail an lektorat@verlagshaus.de

Die Deutsche Nationalbibliothek verzeichnet diese Publikation in der Deutschen Nationalbibliografie; detaillierte bibliografische Daten sind im Internet über www.dnb.de abrufbar.

ISBN 978-3-86230-464-6

Kreativ-Service

Sie haben Fragen zu unseren Büchern und Materialien? Wir beraten Sie gern rund um alle Kreativthemen. Rufen Sie uns einfach an. Wir interessieren uns auch für Ihre eigenen Ideen und Anregungen. Sie erreichen uns per E-Mail kreativ-service@c-verlag.de oder unter der Telefonnummer 0049-89-1306 99 577.

Besuchen Sie uns im Internet: www.christophorus-verlag.de & www.selbstgemacht.de